ediciones carena

EL DILEMA DE ÁFRICA: ANTE LA NUEVA GEOPOLÍTICA MUNDIAL

Muakuku Rondo Igambo

Primera edición: septiembre de 2024

© Muakuku Rondo Igambo, 2024
© Ediciones Carena, 2024

Ediciones Carena
c/Alpens, 31-33
08014 Barcelona
T. 934 310 283
info@edicionescarena.com
WWW.EDICIONESCARENA.COM

Diseño y maquetación: Kaicy Orellana

Coordinación y revisión: Jesús Martínez
WWW.REPORTEROJESUS.COM

Depósito legal: B 16853-2024

ISBN 978-84-19890-03-0

Impreso en España - Printed in Spain

A ti, Ndembo-Muakuku,
porque tú podrás aclararme algunas
de las dudas que en este trabajo no he podido resolver.

PRÓLOGO

El dilema de África: una guía para superar la crisis africana y mundial.

El dilema de África **es el décimo tercer libro publicado por Muakuku Rondo Igambo y en él señala el camino para el empoderamiento económico, político y social de África en el marco del nuevo orden que se está fraguando en el mundo.**

En realidad, se trata de una segunda parte de libro publicado con anterioridad: *Camino hacia la emergencia de África* **en el que planteaba que África, como** continente rico en población, un abundantísimo en recursos naturales y un mercado con mucho potencial debe comenzar a creer en sí misma encontrando su espacio de participación activa en las grandes instituciones mundiales y en el gran mercado de los valores añadidos. Para ello los africanos deben recorrer su propio camino hacia el crecimiento acometiendo las adecuadas transformaciones estructurales —sociopolíticas y socioeconómicas que integren las diversas sensibilidades que conforman el continente.

El presente libro **comienza constatando que la situación actual del continente africano, sigue siendo grave:** *"Primero fue la esclavitud, seguida de la colonización; luego las independencias que derivaron a un imperialismo demoledor.*

Pero El dilema de África se centra en la descripción de un presente también complejo, con la aparición de nuevos protagonistas, en la disputa del continente africano: Rusia y China y Arabia Saudí, utilizando los mismos métodos que occidente: préstamos a bajo costo que, después, por circunstancias van subiendo hasta que se hacen impagables.

Los datos son impresionantes, a la esclavitud colonial sucede un esclavismo financiero, del que, aparentemente es imposible salir. Occidente con su democracia, China con su comunismo y Rusia con su neocapitalismo persiguen los mismos fines con métodos y resultados idénticos: la apropiación de la economía y la colonización empresarial.

De todas maneras, el núcleo del libro y su gran valor, radican en señalar caminos para un resurgir en plenitud del continente africano, de paso, al resto del mundo.

Varios son los puntos esenciales

1   El necesario empoderamiento de África, asumiendo una posición propia, independiente en la configuración del nuevo orden.

2   África ha de abandonar su ambigüedad, su dependencia ya sea con respecto a occidentales, chinos, rusos o árabes, para marcar su propio destino.

3   El camino pasa por la instauración de la democracia en sus propios países en la que se incorpore el respeto a la libertad individual y se extirpe y se supere el tribalismo, decretándose la igualdad y la incorporación representativa en el gobierno de todas las etnias.

4   Dicha democratización plena ha de constituirse en la base del desarrollo político y económico. Este es el gran reto de

África: consolidarse como sociedad democrática y libre e igualitaria para establecer una economía sólida y dinámica.

5   Para ello ha de creer en sí misma, generar una cultura propia que le permita encontrar su espacio de participación activa en las grandes instituciones mundiales y en el gran mercado de los valores añadidos.

6   Han de ser los propios africanos los que diseñen, en clave igualitaria solidaria su camino hacia la libertad, la riqueza y el bienestar y para ello han de abordar valientes transformaciones estructurales, superando el etnicismo que viene lastrando a gobiernos y sociedad africana a fin de lograr una democracia plenamente igualitaria y participativa.

7   La libertad individual, la democracia fortalecida en cada país y la armonía entre las distintas culturas y naciones que configuran el continente africano constituyen la base de dicho renacimiento.

Pero el libro trasciende a la realidad africana, permitiendo una lectura universal: porque lo que está aconteciendo en África, de alguna manera, afecta a otros grandes territorios como puede ser Iberoamérica o gran parte de países asiáticos, satélites de las tres o cuatro grandes potencias, incluidos muchos países europeos.

El terrible endeudamiento que maniata a los países africanos no se diferencia apenas nada del que afecta ya a Hispanoamérica, a grandes zonas de Asia, incluso a los países más poderosos como es el caso de Estados Unidos y China, los dos países más endeudados del planeta.

(Estados Unidos debe 34.5 billones de dólares, y China **el segundo país por volumen de deuda** *pública en* <u>China</u> *que, en 2022 debía 13.065.012 de dólares)*

En resumen, este libro también alude al dilema universal que ha de ser resuelto: la instauración de un nuevo orden que beneficie a todos creando un equilibrio económico estable. Se trata de un SOS, un grito de atención para poner en marcha el nuevo orden que Muakuku preconiza y que tiene como condición el empoderamiento de cada sociedad, la democratización profunda, el entendimiento y la conciencia de que el nuevo orden mundial ha de tratar por igual a todos los territorios y sociedades. Aquí, esbozadas, están las bases para conseguirlo.

Gracias, Muakuku

JOSÉ MEMBRIVE

1. - INTRODCCION:

No es la primera vez y, quizás, tampoco vaya a ser la última que África tenga que afrontar un verdadero desafío. Primero fue la esclavitud, seguida de la colonización; luego las independencias que derivaron a un imperialismo demoledor. Cada una de las etapas anteriores estuvo marcada por durísimos sacrificios.

La esclavitud despojó trágicamente a África de su mano de obra con destino al conglomerado de los países de Sudamérica, a los campos de algodón del sur de los EE. UU o a algunos países de la Europa occidental. La colonización desvalijó a nuestro continente de sus recursos primarios, orientando su economía exclusivamente a la producción de materia primas al servicio de las necesidades productivas occidentales.

La participación de jóvenes africanos en la Segunda Guerra Mundial, al servicio de sus metrópolis, les permitió abrir y direccionar sus mentes hacia la independencia de África. Una lucha que empezó a dar sus frutos a partir de la década de los 60 de siglo pasado. Sin embargo, las independencias, que estaban llamadas a empoderar al continente africano, más bien sirvieron para sustituir un colono blanco por un títere nativo al servicio de occidente, con la consiguiente instauración de las dictaduras como forma de gobernar y de gestionar la cosa común. Varios fueron los obstáculos: África que se independiza políticamente, sobre papel, no obtuvo ese status en lo económico ni el adecuado reconocimiento por parte de las Instituciones Internacionales. Su papel marginal lo delata. Necesitaba del empuje financiero de sus respectivos países colonizadores para implementar sus políticas de desarrollo. Pero, al contrario, los países africanos quedaron maniatados por los acuerdos suscritos con los países occidentales, que consiguieron mantenerlos atados en corto para seguir abasteciéndose de materias primas a precios de ganga. Especialmente el África francófona que, con los 11 acuerdos firmados con su ex-metrópoli para su descolonización, quedaría fuertemente atado a Francia.

Y a todo esto, los africanos quedamos bien fotografiados por nuestra particular "ambigüedad estratégica" en plena Guerra Fría. Una ambigüedad caracterizada por un No al Occidente imperialista, opresor, que no ayuda a desarrollar a África. Tampoco Sí al bloque comunista, sin raíces ni antecedentes firmes en África y que no tienen nada que ofrecer que sea distinto a su desfasada industria bélica. Como tercera opción, una política de No alineación cuyas raíces y filosofía se expondrá más adelante.

Todo eso sobre papel, porque en realidad los líderes africanos peregrinaron en los salones de los unos y de los otros en busca de ayudas. Personalmente sigo considerando que la indefinición africana de entonces fue un grave error, un tanto comprensible y perdonable a fecha de hoy. Porque mientras los dos bloques batallaban "fríamente" y ayudaban a sus afines, África mendigaba en los trasteros de los dos bandos. Por un lado, imploraba ayudas económicas a Occidente metrópoli para sostener su aparato administrativo, herencia colonial, y desarrollar su economía; por otro lado, solicitaban armas a los países del ala comunista para resguardar a sus presidentes tan divinizados como eternizados en sus inamovibles puestos. Por supuesto, ninguno de los dos bloques prestó atención alguna a los africanos. Occidente les consideraba como niños rebeldes. Habría que castigarles por su insolencia. "Cuando les sobrepase el hambre, ya vendrán arrodillados". Supongo que así teorizaba Occidente. En la otra orilla, se diría: estos hijos (África) que se rebelan con su padre (Occidente), que reniegan de su identidad, no son de fiar. Algún día podrían hacer lo mismo conmigo, yo (Rusia) que tan siquiera soy su tío, a no ser que les someta unas condiciones durísimas de cumplir y que los dejen atados por larguísimo tiempo. Al menos esa es la reflexión que haría un buen padre africano, de los de antes.

Así, mientras la Rusia comunista ofrecía cooperación armamentística para profundizar en las guerras civiles africanas, Occidente proponía una cooperación en ayudas humanitarias y dinero vía préstamos. Los efectos de dichas ayudas occidentales fueron aún peores. La crisis de la posterior deuda externa y los resultados del Ajuste Estructural se analizarán más adelante. La combinación de ambas ofertas únicamente tuvo como resultado mayor pobreza y destrucción.

La realidad, hasta la década de los 80 del siglo pasado, concluye con un resultado claro: África no había avanzado en casi nada, a excepción del incremento de los golpes de estado, del aumento de las dictaduras, del éxodo de su juventud hacia occidente… etc. Una inmigración masiva que empezó a preocupar a la Europa occidental. Habría que tomar medidas claras y contundentes para "proteger" su civilización frente a la irrupción de unos bárbaros venidos del primitivismo. Al hijo pródigo habría que ofrecerle, a cambio la democracia y la alternancia políticas, un desarrollo desde sus orígenes a través de ciertas concesiones capitalistas. Es así como África empieza a "democratizarse" y la explotación de sus recursos primarios se acentuó. Buena parte de esos ingresos sirvieron para armar aún más al continente africano, tanto a los dictadores de turno como a las milicias rebeldes. La confrontación estaba servida entre los que querían perpetuarse en el poder y los que ansiaban el mismo status.

A todo esto, el siglo pasado finaliza con cuotas de récord en el incremento del PIB (Producto Interior Bruto) de varios países africanos, gracias especialmente a las explotaciones de petróleo y gas. La tímida democratización, igualmente, permitiría una cierta apertura de la mentalidad empresarial local. La euforia y el optimismo se iba instalando en el subconsciente de algunos de nosotros. Yo, como uno de ellos, creí que, por fin, África ya había dado con la tecla para su marcha hacia su verdadera integración en la comunidad de naciones independientes y prósperas. Creímos que el prototipo de la máquina para nuestro empoderamiento ya estaba bien diseñado, habría que seguir afinando y atornillando mejor las piezas para el éxito total. Varios factores favorables tenemos en nuestra mochila: mano de obra joven y abundante; considerables y variados recursos primarios; factor humano local muy cualificado; incremento constante de la capacidad de consumo de servicios y de bienes tecnológicos, etc.

Pero estas pseudodemocracias, que facilitaron ciertas dosis de libertad, y de la mejora del PIB, como también más liquidez en manos de particulares, no fueron de la mano con la buena gobernanza de la **Cosa-Común-Pública**. La corrupción, que antes era exclusiva de los más poderosos del momento, se extendió en todas las capas de la sociedad, cada uno a su manera y medida. Advierto que más adelante matizaré esta afirmación. Corrupción desde los máximos responsables políticos hasta las amas de casa, pasando por los administrativos y funcionarios públicos y trabajadores en las entidades privadas. La cuestión es llevarse algo a casa todos los días, y no esperar el jornal mensual que corresponde. En Guinea Ecuatorial, por ejemplo, hay dos dichos:

a) "la cosa pública (el dinero del Estado, se entiende) no es de nadie", por lo que aquel que lo gestiona, se lo debe llevar para sí mismo siempre que se pueda y lo que se pueda. Eso sí, pillando el pájaro en pleno vuelo, antes de que entre en las arcas del Estado. De esta manera no quedan huellas.

b) "La cabra come donde está atada". Un dicho Fang[1]

---

[1] *Fang:* es una de las etnias de Guinea Ecuatorial.

Que quiere decir que las altas autoridades gestoras de la cosa-común reparten o designan a cada cual su parcela corruptiva.

Con esas dos máximas todo parece perfecto y el mensaje muy claro. Desvalija allí donde se te ha colocado y no interfieras en la parcela del otro. Como dicen los castizos, "entre los bomberos, no nos pisemos las mangueras". Supongo que es así en cada país africano, con sus denominaciones locales y artimañas. Estas dos máximas también generan la desigualdad entre los iguales porque los juicios sumarísimos y las prebendas se prodigan arbitrariamente. Particularmente, prefiero que no se juzgue a la persona por su etnia, sino por el contenido de su capacidad. Lamentablemente no es así por ahora, al menos en algunos países africanos donde la etnia sigue anclada en la mente vetusta de sus dirigentes. Un verdadero caldo de cultivo de la corrupción galopante que tiene secuestrado e hipotecado el futuro de las generaciones venideras.

Pero Occidente no acababa de sentirse plenamente cómodo. La intelectualidad africana en la diáspora seguía presionando porque los avances democráticos en África mostraban signos de agotamiento, mientras la corrupción iba en aumento. Y no les falta razón. Las escandalosas maletas repletas de dinero y oscuras transferencias de divisas, salidas desde África hacia Occidente o a otros paraísos fiscales, y las lujosas mansiones que se adquieren al contado en el exterior, sustentan esas inquietudes. Contrariamente a los mejores índices de las producciones nacionales, las poblaciones siguen carentes de básicos como sanidad, educación, vivienda, agua potable, luz o infraestructuras de comunicaciones y de transportes decentes. Ante lo cual, Occidente, creyendo tener a su hijo pródigo recuperado, y ya en casa, le plantea un segundo requerimiento: la buena gobernanza. Los avances democráticos deben ir acompañados de la buena y transparente gestión de las finanzas públicas. Y ahí está en FMI, con su IV artículo. Sus visitas anuales para fiscalizar a los Estados, a fin de reportar informes sobre de la transparencia gestora de las finanzas de los países, es un verdadero quebradero de cabeza para los países africanos. Entienden que es una intromisión en los asuntos internos de sus naciones. Creen que sus independencias nada tiene que ver con esa globalización capitalista, sujeta al control del FMI. Piensan que, si para ello deben ser democracias, mejor tomar el ejemplo de China y Rusia que andan manejando ya parte de los recursos africanos, sin requerimientos democráticos ni de la buena gobernanza. Una oferta tan sugestiva que los líderes africanos no estaban dispuestos a desestimar. Nunca vieron de buen agrado eso de alternar el poder. "El poder se conquista con armas y sangre" dicen algunos de ellos. Es así como llegamos a aterrizar en el escenario actual donde China, que empolva su antiguo discurso de No Alineación, y con mucha inyección de capital-vía préstamos pretende arrancarle a la Europa Occidental su cantera de materias primas y, de paso, tener más aliados para su causa hegemónica mundial. Rusia tampoco quiere quedar relegada en esa pugna. No se conforma con ser espectador de lujo. Quiere su parte activa, teniendo en cuenta que varios países del conglomerado de la antigua URSS ya se marcharon del bloque. África sigue siendo una selva virgen y un caladero de adeptos. Incluso la India y la Arabia Saudí creen encontrar varias oportunidades de "negocio" en África que anda dubitativa en este escenario crucial.

De nuevo nuestro continente se encuentra en una verdadera disyuntiva, ahora que se avecina la nueva reestructuración mundial. El dilema de África, ante esta más que probable reordenación de bloques, se antoja un verdadero reto. Hoy, con el correr del tiempo, y debido a la insatisfacción por las ofertas e implicaciones occidentales a la causa africana, al tiempo que el Este comunista en lo político y capitalista en lo económico llega con dinero freso, África se encuentra en un verdadero aprieto de tener que escoger el mejor compañero de viaje hacia su futuro un tanto incierto. Opciones no le falta:

Por una parte, Occidente ofrece convivencia basada en el diálogo y consenso, el respeto de los derechos humanos fundamentales, la libertad y una economía de base liberal e iniciativa empresarial privada: un sistema que prima la atomización de las personas y valores añadidos frente a la adulación al gran jefe. Es ese modelo del que buena parte de los africanos, a día de hoy, ni confían ni se fían. Alegan sus políticos que Occidente es la culpable de todos los males (pasados y presentes) de África, opinión secundada en cierta medida por un sector de la intelectualidad africana del momento actual y también por ciertos agitadores de masas, venidos a revolucionarios. Ninguna autocrítica ni asunción de responsabilidades por la incapacidad gestora de los propios dirigentes africanos. Toda, o casi toda, la culpa la tiene Occidente, incluida la rapiña que perpetran nuestros dirigentes contra los recursos de sus propios estados, supongo. Un discurso que sigue teniendo vigencia a día de hoy: el África colonizada parece seguir teniendo un odio visceral al Occidente colonial. Aquí no vale aquello de: "más vale un amigo conocido", por muy malo que sea Occidente. Al parecer, prefieren lo de "más vale un amigo por conocer", China y/o Rusia, pese a sus dudosas intenciones.

Al otro lado tenemos un modelo marcadamente diferente. Autoritarismo e intolerancia que se ofrece desde China y Rusia. Nada de democracia ni derechos humanos, ni libertad. China no lo oculta. Eso no va con nosotros, dicen los dirigentes chinos. África, que nunca se ha deshecho de su visión social-comunista y banturesca, o sea, igualación hacia abajo, sin alturas de miras, empieza a prestar atención, mucha atención, al timbre que suena en su puerta activado por la mano chino-rusa.

Si bien es cierto que las relaciones de África con China y Rusia datan de hacen muchos años, no es menos verdad que es a partir de las dos últimas décadas cuando las mismas se han acentuado de forma exponencial. China ha acelerado la cooperación con África en varios sectores: en materia educativa, línea de créditos "blandos", ayudas sanitarias etc. Rusia tampoco se queda atrás: sin colonias en África, su presencia en este continente coincide con la década de las independencias. A partir de allí, y con la inestimable ayuda de sus servicios secretos (su KGB), fue penetrando en África para ir contrarrestando el poderío occidental y estadounidense en estas tierras. La crisis de la, entonces recientemente independizada, República del Congo marca un serio hito de la presencia de Rusia en África. El Congo Belga acababa de ser independizado el 15 de agosto de 1960. Apenas un mes después, el secretario de Estado Joseph-Desiré Mobutu Sese Seko, en aquel momento, perpetra un golpe militar que acabó con la vida del primer ministro Patrice Lumumba. Todo hace indicar la presencia de la mano de Rusia en esa operación.

De manera que África ya lo sabe de antemano. Los modelos, sobre la mesa, son claros. No valdrá en un futuro alegar ignorancia o engaño al respecto. Sobre estas dos proposiciones insistiremos a lo largo de este trabajo. Pero antes de decantarse por uno u otro bloque, si es que fuera el caso algún día, debemos tener en cuenta tres situaciones: a) la libertad adulta (la independencia) o, dicho de otra manera, el empoderamiento o la autodeterminación, tiene un coste y entraña severas responsabilidades. No se puede jugar a ser mayor y no asumir la responsabilidad de autogestión. b) No se puede aspirar a formar parte del mundo global llevado de la mano de un samaritano, que no existe. Los derechos no se regalan. Se conquistan. También se matizará. c) Solo creyendo en sí misma y haciendo bien las cosas, África podrá ser fuerte.

Un capítulo aparte, y que debe ser digno de un profundo estudio y debate, es la cuestión de la deuda externa de África ¿Cuál de todos estos socios ofrece una verdadera solución al tema? Ya sabemos cómo se gestó con Occidente. También sabemos cómo se ha incrementado la misma con la presencia del capital chino. Los que creyeron que el dinero chino venía a resolver las cuestiones estructurales del desarrollo africano, empiezan a observar cómo el África Subsahariana se está convirtiendo en un estadio donde los intereses de los acreedores tradicionales occidentales chocan contra los de China y próximamente contra los de Rusia y los del Raid.

Todas estas cuestiones serán desarrolladas en este ensayo.

2. - La geopolítica mundial actual.

2.1. - La configuración mundial actual:

Pero antes de entrar en el análisis de cómo le va a afectar a África la nueva geopolítica mundial, veamos primero cómo la misma se está configurando y, concretamente, la manera en la que sus grandes protagonistas se están posicionando en África. Pero también el papel que otros países emergentes pudieran desempeñar en esta complejidad. Es claro que dichos protagonistas son: en el primer lugar EEUU y su bloque (Occidente) y China-Rusia; en la segunda línea estará la India, los países árabes (Arabia Saudí) y Corea del Norte. En el tercer escenario estarán todos aquellos que quisieran apostar por alguno de los bloques de la primera línea. El papel de estos últimos, solo por su dimensión poblacional, podría inclinar la balanza. Su explosivo mercado, en el caso de África, no es nada despreciable. De ahí el gran interés de China-Rusia por posicionarse en el continente africano. En este orden de ideas, analizaremos en los capítulos 5 y 6 la hegemonía de los grandes del primer bloque y, en segundo lugar, su particular deseo de (re)conquistar África, para después acabar teorizando por cuál debería ser el posicionamiento de nuestro continente.

Antes aclaramos que el Orden Internacional es una expresión utilizada cuando nos referimos a un conjunto de reglas y expectativas trazadas entre distintos estados con el propósito de regular los objetivos comunes que permitan gobernar las interacciones entre ellos. Cuando, en un momento histórico, dichas reglas sufren cambios importantes en las ideologías políticas y en el equilibrio de poderes en el plano global, entonces estamos ante la conformación de un nuevo Orden Mundial que tiene sus orígenes en la creación de las Naciones Unidas y los Acuerdos de Bretton Woods, finalizada la Segunda Guerra Mundial. Con esta expresión se refiere a un periodo histórico con cambios contundentes en las ideologías políticas y en el equilibrio de poderes entre las dos superpotencias vencedoras de la contienda: EE. UU y la Unión Rusa Soviética Socialista (URSS). Por un lado, EE. UU proponía un modelo social basado en la democracia conjuntamente con un sistema económico sustentado en la economía libre de mercado. Por su parte, la URSS se decantó por una sociedad comunista en lo social apoyado con una planificación centralizada en la economía. Con el tiempo los dos bloques pasaron a identificarse como Occidente (EE. UU y sus aliados) y el Este (URSS también y sus aliados). Así, mientras EE. UU inyectaba capital (Plan Marshall) a sus aliados y estos prosperaban en libertades y en el plano económico, el bloque del Este seguía hundiéndose en el fango de la privación de los derechos humanos y en la miseria económica. Es más, con el fin de la Segunda Guerra Mundial, los dos principales ganadores de la misma se embarraron -desde el año 1947- en una tremenda lucha de intimidaciones disuasorias.

Definitivamente la polarización del mundo se cristalizó en dos bloques. Por un lado, el capitalismo representado por EE. UU y sus aliados y, por el otro, el comunismo, patentado por la URSS igualmente con sus aliados. Lo llamaron "Guerra Fría" y abarcaba todos los escenarios de la vida social: Economía, política, ideología, sociedad, propagandísticos y militares. Occidente respiraba aires de grandeza y de supremacía, mientras el Este sangraba y olía su desintegración. Varios de sus aliados, mirando de reojo al Occidente, querían integrarse en él abandonando el bloque.

Ese escenario continuó así hasta la caída del muro de Berlín, símbolo de la Guerra Fría. El calendario mundial remarca la fecha del 9 de noviembre de 1989 como el día del triunfo del capitalismo liberal frente a la economía planificada, de la organización social basada en el reconocimiento de las libertades y derechos humanos frente al totalitarismo de los otros. También la caída del muro supuso el despedazamiento de la URSSS y, consecuentemente, el desplome del socialismo real. Rusia no pudo contener su imperio. Varios de sus aliados buscaron refugio en el bloque occidental. Igualmente, la caída del muro de Berlín significó el fin del Orden mundial de la postguerra. Del orden mundial bipolar se pasa al unipolar. Con todo ello, la globalización económica toma su mayor impulso y con ella el neoliberalismo inicia su marcha tranquila hacia la libre movilidad de capitales financieros de las empresas transnacionales. ¿Quién se lo iba a impedir, si Rusia y todo su bloque habían quedado aniquilados?

A todo esto, mientras Occidente y los países en la órbita de la antigua URSS se disputaban una parte importante del mundo, China intentaba recoger los residuos del pastel. Así, el gran imperio oriental se presenta en la conferencia celebrada en Bandung (abril de 1955) impulsando la idea de crear el movimiento de Países No Alineados. Un movimiento que acabó constituyéndose durante la Conferencia de Belgrado en 1961. Entre sus proclamas figuran la denuncia las atrocidades del colonialismo, proponiendo, al mismo tiempo, su eliminación; también promovió el slogan del respeto mutuo entre naciones y la lucha por la soberanía de cada una; defendió la no intervención en asuntos internos de otros estados; preconizó la búsqueda de coexistencia pacífica; así mismo, apoyó a la idea de que los países miembros no deberían formar parte de ninguna alianza militar multilateral o estar militarmente asociados con cualquiera de los dos bloques. Varios países del Sur tomaron buenas notas sobre esta propuesta, sin embargo, China carecía de algo que ofrecer a sus pretendidos socios. Las proclamas son buenas, pero algo para llevarse al estómago siempre es mejor. Entre tanto, los países no alineados (entre ellos los de África), que estaban renegando de sus metrópolis), solo les quedaba plegar sus envalentonadas velas y mirar de nuevo a Occidente. Pero seguían abiertas las heridas del colonialismo, las del imperialismo y, sobre todo, las de la carga de la deuda externa iniciada a finales de la década de los 70 del siglo pasado y agravada por los Programas de Ajuste Estructural una década después.

Se retomará este capítulo aparte más adelante.

Tres décadas después de la caída del muro de Berlín, cuando ya parecía que el neoliberalismo tenía aplacado al comunismo y que el capitalismo Occidental y su modelo social habían sido los grandes vencedores de la Guerra Fría, irrumpe con fuerza la República Popular China, el alumno aventajado del capitalismo occidental. ¿Se estaría cumpliendo la profecía a de Napoleón?: "Cuando China se despierte, el mundo temblará". Eso parece. China, que fuera el lugarteniente de Rusia, sin abandonar su comunismo, ha sabido interiorizar las métricas capitalistas de Occidente. Entendió que el desarrollo solo emerge con capital. Con dinero se adquieren los bienes y servicios, se construyen infraestructuras, industrias, incluidas las armamentísticas. Y para ser potente y disputarle la hegemonía a los EE. UU, China tiene claro que bebe extender sus armas comerciales al mundo. Para ello, y bajo la presidencia de Deng Xiaoping, adoptó un sistema capitalista colectivo con fuerte influencia del Estado. Estableció un método de cooperación entre las universidades locales y las empresas nacionales. De tal suerte que las primeras deberían proporcionar los egresados cualificados que necesitan las empresas para industrializarse e internacionalizar sus excedentes. Estas empresas (privadas y públicas) por su parte, estaban obligadas a absorber toda la mano de obra cualificada salida de las universidades locales. Creó cuatro zonas económicas especiales en cuatro ciudades costeras (Shenzhen, Zhuhai, Xiamen y Shamtou), concedió facilidades al empresario nacional y armó un férreo sistema proteccionista hasta que su economía empezó a crecer por encima del 9% anual de forma continuada. Abrió después sus puertas al empresariado extranjero para adquirir y mejorar en tecnología. Puede afirmarse que estas acertadas medidas permitieron a la China moderna salir de la pobreza. Una vez conseguido esto, suavizaron las medidas proteccionistas y se solicitó su entrada en la Organización Mundial del Comercio. Su pertenencia en la OMC pilló a pie cambiado a toda la economía occidental. Todos creyeron que se iban a beneficiar del gran mercado chino, por su alta población. Más de 1.400 millones de habitantes: era el gran reclamo. Pero fue China quien, en poco tiempo, inundó los mercados occidentales, latinos y africanos con sus productos. Su abundante y barata mano de obra le permitió colocar su producción en estos mercados a precios muy competitivos. El constante crecimiento de su Producto Interior Bruto le generará muchas divisas, tanto para emprender cuantiosas y costosas inversiones en infraestructuras, como para adquirir bonos estadounidenses y prestar dinero (mucho dinero) a los países del Sur, entre ellos los África. De repente China se habría convertido en el mayor prestamista también de los países en vías de desarrollo e, incluso, de los EE. UU de América. Pero, sobre todo en el continente africano, donde se ha convertido en uno de sus socios preferentes.

2.2. - El Roll de Occidente & Oriente

Pero, como quiera que la poderosa y verdadera guerra por la supremacía mundial se libra ahora entre los EE. UU de América y sus aliados occidentales (por un lado) y la República Popular China y Rusia, por otro lado, vamos a hacer un esbozo de sus perfiles actuales. Más tarde, cuando analicemos el nuevo orden mundial, abundaremos sobre sus modelos económicos, dejando los aspectos políticos para el capítulo siguiente.

Los EE. UU y Occidente en general han cimentado su modelo de convivencia y de desarrollo sobre la base de la democracia, la libertad, los derechos humanos y un capitalismo de mercado. Virtudes tan necesarias como complementarias. No es porque sea el mejor y más perfecto, pero, por lo menos, permite confrontar ideas y, en teoría, construir y gestionar lo que es de todos con el concurso de todos, desde debates ideológicos y sociales. Se trata de un modelo sujeto a censuras, que penaliza los errores y premia las iniciativas de las personas. Precisamente en este escenario es cuando mejor fluye el desarrollo y se combate la corrupción y la libertad campa libremente, valga la redundancia. La interrelación entre la libertad política y la económica es evidente. Tal y como afirmara en su día Milton Freidman, "existe una estrecha relación entre la libertad económica y la libertad política". No hay libertad económica ahí donde no hay libertades políticas. Sin estas, tampoco hay empoderamiento. En otro escenario, podrá haber desarrollo y lucro para cierto sector muy minoritario, gracias a la corrupción y prebendas conferidas a estos, pero la inmensa mayoría estará siempre sometida, sin posibilidades más allá de las que se les permitan tener. En mi libro titulado: *África subsahariana, historia de luna dependencia,* señalaba que "la libertad, que es anterior a la democracia y ésta al desarrollo económico, favorecerá la creación del sentido de la responsabilidad de cada uno para prosperar y desarrollar su propia capacidad como persona. Asimismo, contribuirá a garantizar la descentralización de los poderes en manos de la minoría". No son cuestiones banales cuando se trata de derechos naturales. Ahora se me viene a la memora aquello que el presidente norteamericano, Joe Biden, dijo a su homólogo ruso (Vladimir Putin) a propósito de la guerra Rusia-Ucrania: "Putin no entiende que la libertad es algo que no se le puede arrebatar a un pueblo". No es para menos. La libertad, que no es, o no debe ser considerada como una conquista humana, aun cuando así se ha asumido últimamente: es aquella virtud que se adquiere desde la misma concepción atómica de cada uno. Nada que ver con los artefactos o lujos que posteriormente vayamos a poseer. Solo con la libertad y democracia es posible establecer mecanismos de control y fiscalización de nuestros comportamientos, a través de las normas que nos marcamos y nos obligan a todos. De esta manera es mejor trabajar por lo que nos une en consenso. No bajo la adulación de unos iluminados, exentos de cualquier mecanismo de control. De esto los africanos todavía pueden dar buen testimonio. Esta relación ineludible (libertad-prosperidad) es la que le ha permitido a Occidente alcanzar las cotas de desarrollo de las que ahora dispone. Es la clave de su éxito y también de su poder de dominio frente a otras regiones. Es lo que diferencias las naciones que prosperan frente otras que permanecen en la pobreza. Está demostrada la relación directa entre la libertad económica y la prosperidad. Cuanta más libertad política/económica, mayor capacidad de generar riqueza, prosperidad, mejor la calidad de vida, entornos saludables… etc.

Las propuestas chinas y rusas navegan en mares muy opuestas a los occidentales. No es porque allí no se hable de democracia, que sí. La cuestión es en la concepción de las mismas. De entrada, la construcción visionaria de la democracia china, parte en criticar los defectos o fracasos de la democracia liberal occidental. No cree en el poder del pueblo sino en la fuerza del Partido. Es decir, en la democracia resultadista que solo puede ofrecer un Partido Único, "para huir de debates estériles parlamentarios como en occidente". Dicho de otro modo, en China no hay democracia competitiva entre los partidos políticos. El rol del Partido Comunista Chino lo es todo. De allí que se hable de "democracia popular". Una supremacía del partido frente a la voluntad del pueblo. El Partido es el órgano central, decisorio y ejecutor de todas las políticas públicas, a través de una serie de organizaciones intermedias de alcance regional y local. La misión de estas organizaciones es la de monitorear y controlar que las decisiones adoptadas desde el partido se estén cumpliendo conforme sus mandatos. Una característica nada despreciable es que el Partido Comunista Chino no es un partido de masas. El pueblo no interviene en el asunto del poder. Se identifica como partido de las élites y lo ha acreditado después de un largo proceso histórico.

Por su parte, Rusia define su democracia como soberana con toda la separación de poderes y multipartidismo. Su actual Constitución, aprobada en 1993, la define como una república presidencial con un parlamento bicameral. Sus dos cámaras, que conforman su Asamblea Federal, son el Consejo de Federación y la Duma Estatal. Con esta estructura, en teoría, la ciudadanía tiene derecho a votar libremente y existe la posibilidad de ser elegidos para ocupar posiciones políticas. En la práctica, el presidente de la Federación mantiene un férreo control sobre los tres poderes, la prensa y la libertad empresarial. Siguen pesando sobre Rusia rasgos de autoritarismo arrastrados desde épocas del "telón de acero", a pesar de las reformas que se van introduciendo, como la elección de los diputados en un sistema mixto (proporcional y mayoría). Según su constitución los derechos y las libertades de las personas son valores superiores, quedan garantizados y el estado está obligado a respetarlos. Por esas definiciones, se puede considerar que la democracia rusa se asemeja a la occidental. Pese lo cual, Rusia sigue estando en la lista de aquellos países que no toleran la disidencia política. Al parecer, la libertad política solo se respeta para los partidos minoritarios, aquellos que apenas enturbian la marcha tranquila del presidente en el poder (Vladimir Putin). Es lo que justifica su reelección por el 88% de los votos en las últimas elecciones de este pasado 21 de marzo 2024, muy por delante del segundo candidato que obtuvo el 4,31%. Putin es el presidente que más haya durado en el poder en Rusia. También en esto se nota la debilidad de las democracias en ciertos países, cuando el partido en el poder adquiere victorias tan abrumadoras. Retomaremos estas particularidades más adelante.

En cuanto a datos económicos se refiere, los tres países son los más poderosos del mundo, con el permiso de Alemania y de Japón. A la cabeza está EEUU de América. Su dominio en varios ámbitos a nivel global es brutal: su idioma, sus medios de comunicación, los del comercio y, sobre todo, su moneda, ejercen una influencia implacable sobre las economías de todos los demás países y, de paso, sobre la política mundial y militar. Además, tiene una economía muy fuerte como se analizará en los capítulos quinto y sexto. El premio a la segunda economía del mundo por volumen del PIB le corresponde por derecho propio a China. Es el mayor exportador del mundo, mejor socio comercial en más de 50 países y socio principal en más de un centenar de países. Por su parte, Rusia se sitúa en sexta posición en términos de paridad del poder adquisitivo, aunque en términos nominales sea la decimocuarta economía. A su favor tiene el privilegio de poseer una tercera parte de los recursos mundiales. Deberá usarlos convenientemente para ganar más influencia en el plano global. Por ahora el bloque de la Unión Europea (con Alemania como locomotora) le está superando en la carrera.

3. - ¿Qué busca China & Rusia en África?

3.1.- Incursión de China en África.

A las primeras de cambio, la respuesta parece evidente. Lo mismo que le mantiene a Occidente en África: sus materias primas. Y, en segundo lugar, captar más adeptos para sus objetivos expansionistas. Este aspecto se desarrollará más adelante. Por de pronto, y haciendo historia, las hemerotecas indican que los primeros contactos chino-africanos tienen como punto de partida principios del siglo XV, cuando el explorador-militar chino *Zheng He*, también conocido como Ma Sanboa, durante su cuarto y séptimo viaje (1413-1433), recorrió ciertas posesiones del África oriental sin asentamiento claro. Poco más de cinco siglos después se produjo un mayor acercamiento China-África gracias al Movimiento de Países No Alineados. A partir de la primera década independiente, China muestra más atención al continente africano e intensifica sus relaciones diplomáticas y de cooperación con ciertos países africanos como Ghana, Tanzania o Zambia, los cuales, desde sus albores, ya manifestaron sus preferencias hacia el modelo político socialista. Dichas relaciones se incrementaron una década después con la financiación de ciertas infraestructuras de rigor, como la red ferroviaria (TAZARA) que enlaza Zambia y Tanzania. Se asegura que esta monstruosa obra también le permitió a China ganar cierto reconocimiento internacional, en las Naciones Unidas, gracias a los votos favorables de países africanos, en plena guerra fría. Sin embargo, no es hasta finales de los años 1950 cuando la presencia china empieza a tomar mayor rigor en el continente africano. Tres elementos básicos sustentan esta relación moderna:

a) el fin del colonialismo.

b) el inicio de la Guerra fría. En ambos casos, África necesitaba tomar nuevos rumbos. Estaba hastiada de Occidente por la esclavitud y por el colonialismo. Las décadas posteriores (80 y 90) no se caracterizaron como las de apogeo en dichas relaciones China-África. Más bien de enfriamiento en esta cooperación.

c) a principios de la década de 2000, los EE. UU centraron su atención casi exclusiva hacia Asia Central y Occidental. China comprendió que debía moverse y rápido. No desaprovechó la ocasión y empezó a invertir más en África. Pero China necesitaba un gran impulso desde sus propias estructuras internas para abrirse al exterior. Cambios que se produjeron a partir de 1979 bajo la dirección de Deng Xiaoping, y que le permitieron formar parte de la Organización Mundial del Comercio, como ya se ha comentado. Con este espaldarazo, y con productos chinos por todo el mercado mundial, era momento de reorganizarse y relanzar su interés por el mercado primario africano. Es así como llegamos a la primera década del 2000 cuando dichas relaciones toman el impulso definitivo, gracias a la conferencia ministerial (chino-africana) organizada en Beijing (octubre de ese año). En ella se suscriben los acuerdos de la FOCAC (Fórum on China Cooperation) y se instrumentaron reuniones periódicas de alto nivel con la participación de los mandatarios africanos y chinos. Los ejes centrales del mismo fueron: Políticas de integración, cooperación y multilateralismo, dinámicas y nuevas formas de cooperación con el Sur global. A partir de entonces, la locomotora china se puso en marcha a todos los niveles con un discurso seductor: "el Occidente colonial e imperialista solo ha llevado a África grandes sacrificios, sin desarrollo alguno, a cambio de vuestras materias primas, y con exigencias de control de vuestros gobiernos. China os ofrece una verdadera cooperación entre iguales (Sur-Sur), sin injerencias en vuestros asuntos internos".

Pero China, sin colonias en África, debe proponer algo muy sugestivo aún todavía. Alguna golosina fácil de digerir por los africanos. De entrada, llegó y brindó una cooperación "Sur-Sur". Curioso que un país que aspira ser la mayor potencia económica del mundo en pocas décadas, siguiera considerándose un país del sur. Con este eje central China se va asentando en África. Acto seguido, ofrece mucho dinero fresco, primero como créditos y ahora vía préstamos con garantías soberanas, a cambio igualmente de llevarse mucha materia prima, y de suscribir con los países africanos compromisos instituciones con una clara visión de largo plazo.

La nueva China de XI Jinping no tan solo ha apostado por el cambio de la geopolítica mundial. Ya decidido construir un "jardín precioso, -no en el patio trasero de la casa-, sino un hermoso jardín con hermosas flores admirado por todas las naciones del mundo". Pero es consciente de que, para seguir creciendo, necesita abundantes materias primas a precios rebajados y África las tiene de sobra y a precios asequibles. De ahí que haya intensificado su presencia en el continente africano con inversiones, comercio, dotación tecnológica, créditos, becas de estudios etc. El trueque está bien determinado: China ofrece préstamos e infraestructura y se lleva petróleo, minerales y tierras agrícolas. Para los chinos, el pago de las materias primas por infraestructuras garantiza que la riqueza de los países africanos beneficia a toda la población, cosa que no se produciría si fuera en efectivo que sí iría a parar en manos de la clase corrupta nacional. Para los dirigentes africanos, parece una solución perfecta. La población solo verá las carreteras y demás infraestructuras. No saben de su contrapartida y atribuyen todo a la benevolencia del presidente de turno a favor de su pueblo, lo cual le convierte en glorioso. Gracia a él, y no a la riqueza que es de todos, todo es posible; sin él nada sería factible. Esta operación tampoco permite a la población inventariar cuánta parte residual, nada despreciable, de la renta nacional va a parar a la corrupción. Se supone que lo mismo ocurrirá en la otra parte. No parece que China vaya a ofrecer información censurable a su población de los costes-sacrificios que originan su rápido crecimiento económico de los últimos años.

3.2. - El Grupo BRICS

Posteriormente, para cerrar su círculo de control, China amplia sus ofertas hasta su pertenencia al grupo BRICS, del que también me referiré más adelante, junto con el megaproyecto de la ruta de la seda al que aludiremos. Estas ofertas conforman las razones por las que hoy, por hoy, China se presente como una amenaza a la supremacía económica norteamericana y del Occidente y muy amigo de los países en vías de desarrollo.

Con todo lo anteriormente dicho, pamplinas y discursos oficialistas de cooperación y de falsa fraternidad, China aspira a ser el país hegemónico y revertir el actual orden mundial. No está dispuesto a seguir en el ostracismo al que ha estado sometido finalizada la Segunda Guerra Mundial cuando, como consecuencia de la creación de las principales instituciones internacionales (ONU, FMI, BM), la China de entonces, prácticamente se quedó sola. Sabe que para salir de este aislamiento debe buscar aliados. También necesita, además de abundantes materias primas, un amplio mercado de consumidores para las décadas venideras. Si Occidente tiene al bloque de los ricos, China debe buscar también a sus acompañantes o socios, del lado de los pobres. Pero les debe proponer algo que les enganche. No es suficiente con el discurso de formar parte del Movimiento de Países No Alineados, que no ha generado desarrollo alguno desde su creación. China, que ha pasado del comunismo al capitalismo, en lo económico, sabe que el pastel solo se genera con capital. Por lo tanto, para convencer a los países No Alineados, les debe ofrecer ese dinero vía préstamo, al tiempo que se les garantiza la no injerencia en sus asuntos internos. De esta manera, los países africanos, desencantados del imperialismo occidental, de las condiciones prestatarias del Banco Mundial y del Fondo Monetario Internacional, de las exigencias occidentales a la buena gobernanza, de la alternancia política y, sobre todo, de los efectos sangrientos de los Planes de Ajuste estructural, se abalanzan a los préstamos "ventajosos" chinos. Pero la realidad, en apenas una década y media después, ya va dibujando una situación diferente. También, como los préstamos de los países que integran el Club de París y demás instituciones financieras internacionales, los prestamos híbridos (públicos-privados) chinos ya están sangrando a África. Y es que, "los dineros son los dineros y los negocios son los negocios". No atienden a razones humanitarias ni falsas solidaridades.

Esta estrategia china nos lleva analizar el fondo de sus objetivos en la creación del Grupo BRICS. Un acrónimo, bautizado por *Goldman Sachs,* que representa las iniciales de los países integrantes de este grupo: Brasil, Rusia, India, China y Sudáfrica. Se trata de un colectivo formado por países emergentes creado en Ekaterimburgo, Rusia en 2008, por Brasil, Rusia, India y China para servir de contrapeso a la hegemonía mundial del G8 de los países occidentales. Habría que esperar hasta 2010 cuando se incorpora Sudáfrica pasando a llamarse como ahora (BRICS). Sobre papel la idea es de promover una Cooperación Sur-Sur en proyectos de infraestructura y desarrollo; alianzas comerciales e institucionales; potenciar las posibilidades de cada uno de sus miembros mediante la asistencia financiera. En la sustancia, nadie ignora las pretensiones de China y Rusia de extender globalmente sus influencias políticas y economías por el mundo. Y, de paso, acabar con la hegemonía Norte Americana y de su moneda. En el escenario geopolítico global, los países BRICS son una seria amenaza para la supremacía occidental. Y no es para menos. Se estima, por el Banco Mundial, que para el año 2050 casi el 80% de la población mundial vivirá en los países emergentes. Por ahora, el 40% de la población mundial habita en la esfera de BRICS, donde también se atesora una importante bolsa de recursos naturales. No olvidemos que África y Rusia agrupan casi el 60% del total de las reservas mundiales a partes iguales. Todo esto se traduce en grandes oportunidades de consumo, de competitividad, de comercio y de poder a nivel planetario. De ahí que, en el horizonte próximo, se vislumbre la necesidad de aunar capacidades económicas, políticas y militares frente a los Estados Unidos y Occidente. Aliados no le faltan. Las puertas están abiertas y, poco a poco, se van uniendo otros países. Incluso los no emergentes también tienen su asiento de honor en la mesa. En la reciente Cumbre en Sudáfrica (22 agosto 2023), estados como Arabia Saudí, Argentina, Venezuela, Guinea Ecuatorial, Bangladés, Irán etc. presentaron sus cartas credenciales. Al parecer, por ahora, los criterios de acceso son livianos. Es lo que justifica la heterogeneidad global entre los miembros, muchos de ellos lejos de ser emergentes a medio plazo. Incluso países tan enfrentados históricamente (India-China) comparten mesa y mantel. La cuestión es abarcar cuantos más países, mejor. "Una medida audaz para quitarle el poder a las instituciones multilaterales dominadas por los Estados del norte", afirman los defensores de la ampliación del grupo BRICS. ¿Cómo se gestionará después? ¿Quién será el Gendarme de todo este conglomerado? ya se verá. Por de pronto, según las estimaciones del Banco Mundial correspondientes al año 2022, la economía de los 5 países que actualmente forman los BRICS representó el 25,7% del PBI mundial, donde China representa casi el 70 por ciento del total. Un poder casi absoluto que le está permitiendo marcar las pautas a seguir. Sobre la mesa ya se discuten cuestiones relacionadas con la denominación de la moneda común. ¿La R5?, según la propuesta rusa, por aquello de que todas las monedas de los cinco países tienen por primera letra la "r" (real, rublo, rupia, renminbi y rand). ¡¡Genial!! y qué pasará cuando se incorpore, por ejemplo, Guinea Ecuatorial o Bangladés? No obstante, las cosas van lentas. Hay varias cuestiones de alta discusión, todavía sobre la mesa: ¿Cómo se respaldará dicha moneda?; ¿se tendrá que crear un Banco emisor o solo será una moneda virtual para transacciones internacionales y que también podrá utilizarse como medio de ahorro entre los países miembros, permitiendo a estos mantener los saldos acumulados de las transacciones entre ellos en superávit? ¿Habrá una política monetaria común entre los países miembros?; ¿cómo se tratará la cuestión de su convertibilidad, a los efectos de ganar credibilidad?. La solución de estas cuestiones, en las próximas Cumbres, deberá ser decisiva también para la puesta en marcha de R5.

3.3. - La presencia de Rusia en África.

Pero cuando se aterriza en la arena política y nos preguntamos del porqué tantos países tan heterogéneos se unen en tan más que discutible unión o quiénes ganarán en esta apuesta, surge un debate muy profundo. De entrada, la victoria se la llevará China, que tiene mayor población, mejores iniciativas empresariales, más cobertura comercial y mayor PIB. Será quien marque el rumbo. Ya lo está haciendo. Pero China no se olvida de Rusia, aunque las tornas hayan cambiado, y de todos aquellos que quisieran subir al tren chino, serán bienvenidos. Siempre es mejor ir de la mano, pero no revueltos, que hacerlo por libre. Mientras China se llevará el trofeo de ser el "Padrino" de este conglomerado de países, a Rusia se le reserva el segundo puesto. Los dos conformarán un bloque socialista fuerte capaz de hacer frente al liberalismo, al menos en eso están. Por su parte, Rusia obtendrá la protección contra los deseos de Occidente por aislarle diplomática y económicamente del escenario internacional. Pero no nos engañemos, Rusia también quiere jugar muy fuerte sus bazas. No quiere ser una simple comparsa de China. África sigue siendo un mercado amplio y apetecible. Eso es lo que justifica que la Federación Rusa igualmente se muestre dispuesta a presentar sus credenciales en África. De su baúl ha desempolvado y ensanchando sus acuerdos de cooperación, ahora con el ofrecimiento de sus grupos mercenarios en apoyo a los países africanos que quieran desmarcarse o deshacerse del Occidente capitalista. Su experiencia en Congo Belga, desde 1960, no le fue mal. Ahora cuenta con grupos paramilitares en varios países africanos dispuestos a dar golpes de estado y desestabilizar aquellos países hasta ahora pro-occidentales y expulsar de sus tierras a los "colonos europeos". Ahí tenemos la reciente revuelta en la Republica del Níger. Llaman la atención, por ejemplo, las palabras pronunciadas por el líder ruso durante la segunda Cumbre Rusia-África celebrada del 27-28 de julio de 2023 en San Petersburgo. Vladimir Putin manifestó su compromiso en ayudar a África en: la lucha contra el terrorismo y el extremismo; en la resolución de crisis Inter africanos, en la gestión de pandemias y del hambre. En la misma cumbre la presidenta del Tribunal de Cuentas rusa impartió lecciones a los representantes de los Tribunales de Cuentas africanos, asistentes, sobre la buena gobernanza de las finanzas públicas. Por si fuera poca la golosina, el mandatario ruso, en dicha cumbre, prometió enviar millones de dólares a los países africanos que lo deseen para cancelar las deudas que tienen con los países occidentales, así como armamento y alimentos en África. Todo eso gratis, según Putin. ¿Gratis, a cambio de nada, sr. Putin? ¿Y se lo han creído los mandatarios africanos presentes en ese Fórum? La respuesta no puede ser positiva. Tampoco Rusia va a regalar nada, eso es una quimera. Ahí está el expolio de las materias primas en la República Centro Africana. Manda lo suyo, como diría algún político español, de los de antes, que un país como Rusia, con niveles altísimos de corrupción, que va acentuando su presencia paramilitar en África, favoreciendo su inestabilidad, pretenda enseñar a África el camino de la buena gobernanza y de la resolución por vías pacíficas de sus problemas internos.

Pero Ucrania, a día de hoy, sigue ardiendo. Cuando nos preguntamos, a qué viene tanto interés por África, la contestación es clara. Rusia también busca su trozo de pastel en la hegemonía que se está fraguando en el mundo. Y la busca en África. Otras partes ya están ocupadas o está en camino de serlo. Perdió gran parte de su imperio (la antigua URSS) en beneficio de Occidente y de la OTAN, pero África parece ser propicio para sus aspiraciones. Alega que hay lazos históricos con África. La realidad es que se trata más bien un discurso político que real. Con el desmembramiento de la URSS (1991), Rusia, que ya tenía cierta presencia en la excolonia de Congo Belga, quedó prácticamente desahuciada. Pero el actual panorama mundial ha cambiado, o está camino de hacerlo. Hay que reposicionarse y buscar alianzas estratégicas. En esa política conjunta con China están los dos. Y mientras, tanto el uno como el otro, han multiplicado sus ayudas becarias para los estudiantes africanos. Y es que la poderosa herramienta que representa el colectivo de los egresados de un país es un arma muy a tener encueta, si se quiere influir en la política de un Estado.

Y volviendo a la conformación del BRICS, Irán parece tener intenciones semejantes a las de Rusia: anhela desmarcarse de las prohibiciones y vigilancias del mundo occidental contra sus ambiciones nucleares. Estar de lado de China y Rusia le brinda esa protección. China además le proporcionará suficiente financiación. Por ahora sus tímidos intentos por ampliar su nivel de influencia en una África, de por sí ya atosigada por tantas ofertas a ritmo de subasta, sigue teniendo una resonancia testimonial y orientada hacia los países del África oriental: una cooperación con "objetivos económicos" que pretende impulsar la identidad ideológica-religiosa. Es así como debe leerse la visita del presidente iraní -Ebrahim Raisi- a Kenia el 12 de julio de 2023. Para los demás países, deberá proponer algo diferente, si quiere pillar su pellizco en esa suerte de lotería a la que quieren convertir África.

Pero en el contexto general del BRICS, excepto contadas excepciones, está formado por países que abogan por un modelo político chino perverso y represivo contra los Derechos Humanos y la democracia. Para muestra, un botón. De los nuevos seis estados que acaban de incorporarse como miembros, cuatro de ellos (Arabia Saudita, Emiratos Árabes Unidos, Egipto e Irán), tienen modelos de gobierno que no se identifican precisamente como democráticos. Es así que, al carecer de legitimidad democrática, no pueden responder ante su ciudadanía frente a los abusos que perpetran contra su población.

3.4 De vuelta a las dictaduras y a la inmigración

La golosina que se ofrece a África por parte de China o Rusia en cuanto al modelo político africano no está pasando desapercibida. De repente se están imponiendo los autoritarismos, la hegemonía de los partidos cuasi únicos ya está de regreso y los gobiernos se conciben como vitalicios. Un escenario que, peligrosamente, retrotrae a África al punto de partida de los años 80 del siglo pasado cuando a los africanos solo les quedaba un camino: la emigración rumbo a Occidente. Un fenómeno que, en la actualidad está resurgiendo con más fuerza, si cabe.

España-Islas Canarias, están al borde del colapso. Al igual que Grecia e Italia. Las tres conforman las fronteras a traspasar si se quiere conquistar El Dorado. Y, por si fuera poco, para eludir posibles deportaciones, los africanos han ideado nuevas fórmulas: arriesgar a sus hijos menores, incluso a mujeres embarazadas. A estos, si llegan con vida, no se les deportarán. Sobre sus conciencias recaerán sus propia leyes y derechos humanitarios. Y es que existe una estrechísima relación entre el deseo de libertad y el derecho al empoderamiento de las personas. Quiero ser libre para poder desarrollarme en plenitud.

Los africanos disfrutan con los ojos las maravillas de los occidentales, pero sufren en carne viva las cadenas opresoras de sus dirigentes. Unas cuantas millas les separan. Vale la pena arriesgar. Grecia e Italia han llegado a cierto parcheo con los países de origen de su inmigración.

España lucha por ponerse de acuerdo para repartir entre las comunidades a los menores de edad. Otro parche porque seguirán llegando más menores. También se colapsarán las otras regiones y comunidades. Pero más temprano que tarde también les tocará a Francia y a otros países, mientras no haya una propuesta digna, desde el lugar de origen. Las causas del desproporcionado auge de la emigración radican en los retrocesos en la libertad en los países africanos al amparo de los modelos políticos de China o Rusia. Ellos son los verdaderos catalizadores de tan incontrolable fenómeno.

Tal emigración ilegal no afecta ni a China, ni a Rusia. Los africanos no emigrarán allí. Al menos en décadas, tal vez en siglos. Y lo saben. El problema se lo endosan a Occidente. China y Rusia van a otra cosa: buscando recursos y creando las condiciones para extender su área de influencia. Por eso prefieren a África, porque les resulta más fácil jugar con ambientes con cerrojos, democráticamente hablando. De ahí también mi doble incomprensión: primera por los intelectuales africanos del momento que, indirectamente, reivindican la vuelta al pasado, solo por su espíritu de odio hacia occidente; y en segundo lugar por la misma Europa, por su raquítica postura frente a las dictaduras eternas de África.

4. - ¿Crear un imperio o forjar un nuevo orden mundial?

La China de Xi Jinping tiene claro que su papel en el contexto mundial debe ser más determinante. Tiene que ampliar su área de influencias (diplomáticas, económicas y políticas) en todos los países de Asia Central, Meridional y Oriental), pero también en Europa y África. Para lo cual, necesita reconstruir el viejo proyecto chino de la Ruta de la Seda y utilizar el Grupo BRICS para transformar el mundo.

Así pues, ante la pregunta de si China quiere realmente dominar el mundo, podemos empezar sintonizando, o no, con la afirmación de Simone McCarthy: "China tiene una visión de largo alcance para reconfigurar el Orden Mundial y los países están escuchándolo" (10/11/2023). Pero sabe que no lo puede hacer solo a pesar de la pujanza de su economía y de su gran mercado de consumidores. Ahora cuenta con el grupo BRICS que, con las últimas adhesiones arriba mencionadas, conceden a esta corporación una representación total del 46% de la población mundial, con un PIB total del 36% y creciendo. De hecho, ya hay quienes predicen un cambio de eje de poder global, desde las economías desarrolladas hacia las economías emergentes en apenas una década. Debido a esto, la influencia de este grupo en la toma de decisiones internacional también va en aumento. Es de esperar que las próximas reformas en las instituciones internacionales deberán tenerlos en cuenta. La contribución del grupo BRICS en labores de mantenimiento de la paz en determinados países y regiones ya es un hecho. A su vez quiere decir que Occidente tendrá que transferir algunas de sus prerrogativas históricas a favor de los países emergentes. No será fácil, pero es un camino inevitable.

Digamos que esta visión estratégica de China tiene su punto de partida en su integración en la Organización Mundial del Comercio. Una vez esto, entendió que había llegado la hora para impulsar una nueva reorganización mundial. "El mundo es demasiado grande para que se lo quede todo EE. UU", supongo que esa es una de sus reflexiones. Los EE. UU de América ejercen su influencia sobre Europa Occidental, Oceanía, Japón, Canadá y Corea del Sur. Además de estos socios incondicionales, otros como Taiwan, la India (de importante valor estratégico) y algunos de américa del sur también están bajo la órbita de los EE.UU. Todos con un nivel de desarrollo y democracia muy importante. Pero sigue habiendo muchos otros países en el mundo. China debe moverse rápido y muy hábilmente. Ha puesto su punto de mira en los países y regiones pocos desarrollados, África entre ellos, para tomar su parte alícuota del pastel. Habida cuenta de que los países africanos siguen encolerizados con la vieja Europa occidental, al igual que parte de América Latina y de Asia, es de constatar que dichos escenarios son propicios para extender la influencia china. Con un planteamiento sugerente, habrá países que estén a su favor, tal y como se está demostrando en la actualidad. Pero también el actual Orden Mundial está siendo contestado cada vez más por los países del sur en la medida que van incrementando sus expectativas de desarrollo. Encuentran las puertas occidentales cerradas, abiertas solo para ellos mismos. Las actuales instituciones financieras y comerciales siguen impidiendo la prosperidad de los países en vías de desarrollo. Las resoluciones del Consejo de Seguridad de las Naciones Unidas, cuando se producen, solo se aplican en beneficio del primer mundo. La globalización sigue siendo exclusiva para la penetración del capital financiero del primer mundo al tercero. Los recursos primarios del tercer mundo solo tienen cabida en el primer mundo y al precio prefijado por Occidente. Y en esto tampoco la OMC se inmuta. Con este panorama, mientras el mundo desarrollado ejerce una especie de pinza a su favor y su tecnología conquista el espacio, las penurias del sur siguen alimentando los debates estériles en los canales televisivos occidentales. Pero ese hijo, que cada vez va adquiriendo la mayoría de edad, empieza a explorar otras vías para encontrar a otros compañeros de viaje. Así aparece China. ¿Para qué?, esa será otra cuestión. Por de pronto dice: "eso no es homogéneo. La globalización debe extenderse a todos los niveles".

Sin duda alguna, esta irrupción china en los grandes escenarios mundiales no está pasando desapercibida. Más bien está generando varios y grandes debates entre los analistas políticos y económicos mundiales, que empiezan a preguntarse por las verdaderas intenciones a medio y largo plazo de China: ¿Querrá consolidar su imperio en el sudeste asiático o lo que verdaderamente pretende es forjar un nuevo orden mundial en toda regla? Esta interrogante se hace más pertinente toda vez que avanza su megaproyecto comercial, de muchos billones de dólares, con el que pretende unir "comercialmente" el mundo. La idea teórica es conectar el mundo con Asia, mediante una superautopista que se extendería desde China a Europa, pasando por Oriente Medio y África, India y el sudeste asiático, hasta las zonas económicas menos exportadas de la tierra. Un proyecto tan expansivo como costoso, cuya financiación se estima en más de noventa (90) billones de dólares, con el que pretende comprometer a instituciones financieras internacionales y bancos multilaterales de desarrollo. Su slogan es bien claro: *"no es un programa dominado por china. China coopera con los demás países para el desarrollo global o mundial"*. Con estas aparentes buenas intenciones china proyecta penetrar en todos los países emergentes y en economías menos desarrolladas, con fuertes necesidades infraestructurales.

Entre ellos África, donde el gigante asiático ha centrado su atención desde hacen casi dos décadas. Su estrategia es bien clara. Sus
inversiones están dirigidas en los países con economías pujantes, importantes recursos naturales y altos índices de población
como: Nigeria, República del Congo, Sudán, Etiopía, Egipto,
Guinea Ecuatorial, Angola, etc... También en aquellos otros
que no acostumbran a respetar los derechos humanos. Todos
ellos son beneficiaros del costosísimo crédito chino. Llama la
atención de cómo ciertos países han podido caer en la espiral del
endeudamiento chino para acometer ciertas infraestructuras que
podrían ser financiadas con la explotación de recursos propios.
Pero la política prefirió apostar por el caramelo chino mientras,
la corrupción se encargaba de vaciar las arcas. Muchas de esas infraestructuras financiadas por el crédito chino (viviendas sociales
y edificios de gobierno) en apenas 15 años ya están mostrando
preocupante estado de deterioro. Para los financiadores y eje-
cutores de las obras, no es culpa de la tecnología china sino de
los gobernantes corruptos locales. Se desmarcan así de la verdad
cierta de que ellos también (los chinos) son co-rresponsables de
la misma corrupción. ¿Por qué no la impidieron, alertando al
poder decisorio de estas prácticas? Simplemente porque el río
revuelto les beneficia, y cuanto más, mejor. Al fin y al cabo, ellos
acaban cobrando sus créditos inyectando más préstamos, mientras el cuello de botella sigue haciendo estragos hasta que llegue
el colapso. Ese no es ni será un problema para China. Sabe que
buena parte de sus créditos en países de alto riesgo con perfiles
crediticios deficientes, algunos de ellos incluso calificados como
basura, pronto generaran impagos. Tiene la fórmula para recuperar su inversión: caso de impagos, expropiarán los activos del
país en cuestión.

Por esas mismas razones estratégicas, China ve en Yibuti su
punto de entrada en Oriente Medio. Es un país que, por su poca

dimensión territorial y poblacional -23.200 Km2 y poco más de 1.120.000 habitantes- es fácilmente manejable. Además, dada la pertenencia del pequeño Estado a la Liga de Estados Árabes es una ventana para aproximar sus relaciones con Arabia Saudí. Su base naval en este país, inaugurada en agosto de 2017, el primero de su clase en África, confirma esta sospecha. Pero las pretensiones chinas en estos menesteres no se limitan en Yibuti. Desea tener más bases militares en África y está trabajando para ello. En el punto de mira, otros países en el golfo de Guinea están en la agenda.

Cualquiera que haya leído este libro o estuviera haciéndolo podría sacar la conclusión de que su autor es errático con la cooperación y con el modelo actual de la financiación china en nuestros países. En absoluto. Tampoco censuro las inversiones en infraestructuras sin más. Las infraestructuras son buenas y una grandísima palanca para el desarrollo, pero siempre que generen muchos y mejores negocios; siempre que estos proyectos sean bien gestionados; siempre que la buena gobernanza en el país brille por su presencia.

5. - Nuevo Orden mundial:

5.1.- ¿Un Nuevo Orden Mundial, es posible?

La evolución de los acontecimientos mundiales nos inclina a pensar que vamos encaminados hacia una nueva reordenación política mundial. Ante este más que seguro nuevo escenario que se aproxima, bueno sería visualizar quiénes serán los grandes protagonistas, sus potencialidades económicas y aliados. Mucho dependerá de la fortaleza económica de cada uno de ellos y de su capacidad de persuasión para atraer y/o de retener a los demás actores secundarios.

De antemano, se viene asegurando que, en apenas unas décadas, China será la próxima gran potencia económica del mundo. No es para menos. Los mismos dirigentes chinos van insuflando esa creencia por todos los costados del planeta. Sin embargo, hay cierta corriente de opinión que afirma lo contrario. Esgrimen varias razones en el sentido de que eso tan solo es una falacia, al menos a corto plazo. Principalmente porque es poco probable que la economía china siga creciendo al ritmo de las últimas décadas. No hace mucho se decía lo mismo de Japón, cuando su economía crecía por encima del 12% anual, gracias a su burbuja inmobiliaria. Sin embargo, la crisis económica de la década de los 90 del siglo pasado, que dio fin a la bonanza de los años 1986-1991, y que causó una caída de la bolsa nipona en más de 32% puntos porcentuales, vino a poner en evidencia la supuesta fortaleza de la economía japonesa. Lecciones parecidas se pueden extraer de la economía china. El mayor crecimiento de su economía, igual que en Japón, se sustentó sobre su sector inmobiliario a través de la venta y/o alquileres de los terrenos para la construcción, bajo las garantías de su gigante inmobiliario Evergrande Group. Una de las características del sector inmobiliario es su consumo local. Depende por tanto de las variables esenciales que inciden sobre el consumidor de casa. Como era de esperar, la caída en las ventas de sus terrenos en más del 30% puso en riesgo las finanzas de varias ciudades, provincias o cantones. El nivel de endeudamiento registrado por este subsector se debió a la crisis inmobiliaria que surgió a partir de 2021. Pronto sus efectos mostraron ciertas debilidades de su economía en su conjunto. Una segunda variable, nada despreciable, es la guerra particular que mantiene con los EE. UU respecto de los micro chips. Dicen los que entienden de ellos que estos circuitos integrados son la base de la tecnología digital para esta nueva era. Quien domine este subsector tiene mucho ganado en la economía de las próximas décadas. China lo sabe y EE. UU también. De ahí que el actual inquilino de la Casa Blanca (Joe Biden) haya declarado una guerra total por estos semiconductores, donde China solo representa un 8% de la cuota de mercado mundial. Por delante, y a muchísima distancia, esta Taiwán con un 66% de porción de mercado, seguido de Corea del Sur (17%) ambos socios geopolíticos de EE.UU. Digamos por lo tanto que los microchips son un verdadero talón de Aquiles para el desarrollo tecnológico de China. Tal vez por ello su interés, cada vez más determinante, por anexionar a Taiwán. Otro elemento que podría incidir negativamente en la marcha tranquila china hacia su hegemonía económica mundial es el tamaño de su población. Su fuerza de trabajo, con sus bajos costes laborales, han permitido hasta ahora a que sus productos compitan con pujanza en el mercado mundial. La caída de la natalidad, combinada con el envejecimiento de su población, para un país que no admite la inmigración, podrán causar un serio retroceso para su consumo interior y de su economía. Otra consideración a tener en cuenta son sus restricciones a la iniciativa empresarial privada, contrarias al elemento valor que lo sacó de la pobreza. China tiene restringidas las iniciativas empresariales privadas que no estuvieran sintonizadas con los idearios políticos de Xi Jinping. Es el caso de algunas aplicaciones como Facebook, YouTube, Telegram, Instagram, TikTok o WhatsApp. La censura y la vigilancia en los servicios de internet son extraordinarias.

Por parte de Rusia, hay que reconocer que, desde la Perestroika, la actual Federación Rusa ha experimentado cambios sustanciales dignos de reseñar. Su transición, de la economía socialista y planificada a la economía capitalista mixta de mercado, es la razón principal. Rusia ha pasado del ostracismo a ser considerada como el sexto país del mundo en términos de paridad de poder adquisitivo, aunque décimo cuarta si se valora en términos nominales. Se estima que posee alrededor del 30% de las reservas naturales del mundo. Una proporción similar a la africana. Es el país con abundantes reservas de gas natural y uno de los tres principales productores y exportadores de petróleo del mundo. Esta fuerza, unida al hecho de ser el país más grande, territorialmente hablando, hace que, por lo menos, debe ser tenido en cuenta para cualquier análisis y cálculos que se precien. Cuestión diferente es en cuanto a su valoración como superpotencia bélica, a tenor de los hasta ahora resultados de la guerra de Ucrania.

Con el impulso de la perestroika la economía rusa privatizó gran parte de las industrias y del subsector de la agricultura, a partir de 1990, manteniendo bajo control estatal buena parte de los sectores estratégicos. Sin embargo, su alta dependencia de sus recursos primarios constituyen su particular talón de Aquiles. Necesita exportarlos si quiere impulsar buena parte de su economía. Para ello sus buenas relaciones con las demás economías, especialmente las desarrolladas, son fundamentales, porque su propia capacidad de maniobra es reducida tal y como se ha podido vislumbrar con las sanciones impuestas por la comunidad internacional como consecuencia de la guerra de Ucrania. No cabe duda de que la invasión de Rusia a Ucrania, no solo ha ensombrecido sus propias expectativas de crecimiento, sino que ha puesto de manifiesto sus grandes debilidades: colapso financiero, dificultades de compras de materias primas extranjeras, síncope energético, fuga de los recursos humanos cualificados y deslocalización de sus empresas hacia países más tranquilos etc. A todo ello, queda por determinar, el costo postguerra.

Al contrario, asegurar que los EE. UU es la mayor economía del mundo, no es novedad alguna. Lleva liderando este ranking desde principios del siglo XX. Varias evidencias avalan esta posición privilegiada. Es un país tremendamente rico, con un sector financiero robusto, sano y un mercado muy próspero. El león americano puede seguir durmiendo tranquilo por rato, a pesar de los vientos chino-rusos que soplan desde el Este. Sus brazos armados velan por él: su moneda, el dólar, sigue siendo la más relevante para las transacciones comerciales y de refugio en todo del mundo. La más utilizada en las operaciones interbancarias. Su status, por encima del euro, yen o libra esterlina, le otorga la licencia de financiar sus deudas con el exterior a tipos de interés más bajos; su gran capacidad tecnológica le permite tener unos niveles de producción y capacidad enormes. Sus empresas están en las cotas más altas en cuanto a la innovación y proactividad. Si la fortaleza económica y la competitividad de un país se mide por la pujanza, el dinamismo de su mercado de emprendedores e iniciativas, además de la grandeza de sus empresas, pues EE. UU lo tiene todo; es un motor tecnológico y una gran fábrica de grandes complejos industriales. Su sector servicios, que representa casi el 78% de su PIB, es una auténtica locomotora. A todo esto, únase además el talento empresarial joven que posee. El capital humano estadounidense es muy pujante desde científicos, ingenieros, médicos, investigadores etc. Y, por si fuera poco,

EE. UU absorbe muchísima mano de obra migrante. Aunque parezca un tema baladí, no lo es. Los migrantes son esenciales en la satisfacción de la demanda laboral, en el consumo y también en el pago de impuestos. La migración es por tanto un valor plus que carecen las otras economías antes aludidas.

5.2. - Quién pivotará ese hipotético nuevo Orden?

De entrada, aquel bloque que mejor sepa persuadir y ganar más adeptos para la causa, tendrá mucho a ganar. La democracia y/o el modelo de producción a ofertar jugarán un papel importante. Por eso, llegado a este punto, estamos en condiciones de analizar los tres modelos de capitalismo que se presentan sobre la mesa: Capitalismo liberal; capitalismo colectivo y capitalismo mixto. Lo que es lo mismo que decir: Occidente, China y Rusia.

No es novedad afirmar que Occidente siempre tuvo como piedra filosofal la libertad del mercado, en cuanto a las gestiones económicas se refiere. Desde los Fisiócratas, con su teoría del *"Laissez Faire"*, más tarde defendida por los economistas clásicos, con Adam Smith como máximo exponente, hasta el neoliberalismo actual. Desde aquellos tiempos pretéritos se argumentaba que cuanto más libre funcione el mercado en su globalidad, sin la injerencia del Estado, pues mejor. De ahí la célebre frase de otro gran ilustre clásico, *Jean Baptista Say*: "La oferta crea su propia demanda", también conocida como la Ley de Say. Con el tiempo dicho pensamiento ha ido evolucionando hasta lo que hoy se da en llamar capitalismo liberal o capitalismo neoliberal en su última versión, tras la globalización. En sustancia, el capitalismo liberal se asienta sobre la idea de que el empresario-inversor pondrá su capital allá donde le convenga y le sugieran sus cálculos de inversión. El dinero es suyo, el riesgo de perderlo también, así como la esperanza de recuperarlo con mayor valor. El Estado solo debe facilitarle los mecanismos de su libre circulación. Mucho tiene ya con la defense, la seguridad y el bienestar de las personas. Con este basamento se ha ido tejiendo el actual capitalismo occidental. Un modelo que a día de hoy se alimenta de su capacidad tecnológica, de los emprendedores audaces, de su capacidad de deslocalizarse en busca de regiones con menores costes laborales. Un modelo no exento de crítica, no sin razón. Su expansionismo va dejando tremendas brechas de desigualdad: pobreza, hambre, pandemias etc. Cuesta entender que, siendo el Sistema que más riqueza crea, sea el que precisamente es incapaz de encontrar un equilibrio e igualdad social. Cada vez se está estratificando y perdiendo sus atributos meritocráticos. Pone en verdaderos aprietos a las capas y sociedades (países o regiones) menos favorecidas. Las sociedades con capitalismo muy agresivo son las que más contaminan (aquí China tampoco se salva) y son las que menos se preocupan de las consecuencias en el resto de los países del sur.

Y hablando de China, su modelo (capitalismo colectivo), *lanzado por Deng Xiaoping en 1978, se asienta sobre la base de reconocer la fuerza de la iniciativa privada en la actividad económica. Si hasta entonces China ha estado dormida ha sido precisamente por la falta de este motor clave. Para salir de su letargo, era fundamental darle protagonismo al capital privado. Eso sí con un tono diferenciado al occidental. Debe ser un capitalismo de masas, como una especie de cooperativas. De ahí su denominación capitalismo colectivo. Aquí, nos debemos beneficiar todos y no tan solo una minoría, como en Occidente. Con esta premisa, empezó agrupando a campesinos, les facilitó los medios productivos y les dio la iniciativa y libertad empresarial. En un principio deberían aportar parte de su producción a la gran bolsa común del Estado, para los menos favorecidas. Con el excedente, se les dio la libertad para comercializarlo. El paso siguiente era extender esta visión hacia sectores empresariales más pujantes, asociándolos a las universidades. Ya se ha comentado anteriormente. En la actualidad las bases siguen siendo válidas, solo que renovadas con un estricto control estatal. Las grandes premisas estatales, desde el Partido priman sobre la iniciativa privada.*

En medio se incrustra el capitalismo mixto de la Rusia actual. Se acepta el capitalismo, pero bajo el estricto control estalal. Ese es su gran escollo. Capitalismo sí, pero controlado o vinculado a las élites militares y de seguridad. Almenos esa es la métrica impuesta por Vladimir Putin. Al punitismo lo definen como un sistema antiliberal en lo político, pero tolerante con el capitalismo liberal, siempre controlado férreamente por un poder político socialista. *El debate del modelo económico en Rusia no es nuevo. Siempre ha existido. Por un lado, estaban los tecnócratas quienes defendían ideas y políticas liberales para crear una economía y una Rusia fuerte. En frente se econtraban los movilizadores de masas temerosos de una globalización que fuera una amenaza a la seguridad política, social e incluso económica de Rusia. En ese coqueteo ya en tiempos de Lenin, que concebía al imperialismo como un estadio superior al capitalismo y este, a su vez, como una forma de reordenar geopolíticamente al mundo, acabó con el debate a favor del socialismo. Su susesor, Stalin, a pesar de sus ideas derechistas contra las izquierdas, supo maniobrar para dar continuidad al socialismo. Un liberal que supo implantar una economía socialista. Para* Stalin, el sistema económico soviético debería aceptar la tecnología occidental para sortear el estancamiento ruso y facilitar su desarrollo industrial. Para él "la economía planificada no es nuestro deseo; es inevitable transitar hacia un desarrollo de base industrial. De lo contrario, todo se derrumbará" llegó en afirmar. Es así como con Putin se llega en esta modalidad capitalista en la que se permite cierta libertad económica al tiempo que el gobierno se reserva ciertas prerrogativas intervencionistas con el fin de alcanzar determinados objetivos sociales.

Una versión renovada de este modelo es el implantado en Alemania, aunque ahí prefieran la denominación de **capitalismo social de mercado**. Desde sus proposiciones, los alemanes pretenden controlar la actividad económica dando toda la libertad emprendedora y de gestión a la iniciativa privada, pero garantizando los equilibrios sociales. Para cuadrar este triangulo, Alemania basa su modelo económico en la cooperación y consenso a partir de diálogo en el que están presentes, desde el gobierno, el sector financiero, el industrial, el banquero hasta los sindicatos. Todos defendiendo sus posiciones, pero con el horizonte de crear riqueza y de distribuirla ordenada y equilibradamente para todos los alemanes. Una de las ventajas de este modelo es que evita la ingerencia arbitraria de la política y aun cuando no se eliminan del todo las desigualdades en la distribución de la riqueza nacional, estas siguen siendo menores con respecto a otros modelos.

Como en toda la literatura económica, ninguno de los tres modelos está exento de críticas. Sin embargo, desde una posición centrada, y alejándome intencionadamente y por momentos de mis posiciones liberales, el modelo mixto presenta mejores cartas credenciales. Almenos para el África actual hasta superar ciertas carencias endémicas. Permite la libertad lucrativa que promulga el capitalismo liberal, al tiempo que promueve el bienestar social, como defiende el sistema socialista en lo político. Cuando se arma y ejecuta bien, permite al gobierno introducir mecanismos correctores contra las desigualdades económicas y la brecha entre ricos y pobres.

Visto todo lo anterior, ante esta realidad incontestable, podría decirse que no se prevé ningún cambio en la organización mundial que no estuviera previsto por los EEUU y Occidente. Pero no es así. El empuje de los países emergentes obliga a que, incluso los más poderosos, tengan que pactar las nuevas condiciones de convivencias a nivel planetario. Hay quienes afirman que ese proceso ya está en marcha. Otros, como Viktor Orbán, el primer ministro de Hungría, quienes profetizan el fin del actual orden internacional y el nacimiento de uno nuevo este año 2024, tras las elecciones europeas y estadounidenses. Orbán, durante su discurso de apertura de la Conferencia de Acción Política Conservadora (Budapest,25 abril 2024), según agencia EFE, vaticinó el fin de una "etapa infame de la civilización occidental, del orden mundial basado en la hegemonía progresista-liberal". "El sistema basado en valores liberales solo ha generado guerras, caos y crisis económica y ahora comenzará la era de las naciones y de las fuerzas soberanistas. "Debe llegar por fin la era de los soberanistas, volvamos a la senda pacífica y segura que ha hecho grande a Occidente", sentención el primer ministro húngaro. Excesos aparte, lo cierto es que el actual sistema se resquebraja. Necesita reparaciones urgentes. Nunca hasta ahora el mundo ha estado tan "apremiado". Tantos conflictos armados abiertos; que si amenazas de tercera guerra mundial; que si cambio climático y cuántas más. Sobre la mesa, las grandes superpotencias se acusan mutuamente al tiempo que se ofrecen a dialogar, pero solo para rebajar la tensión entre ellos o de encontrar una nueva estructura mundial que les sea favorable. Es aquí donde las otras regiones (sobre todo las emergentes) tendrán que posicionarse, si no quieren quedar de nuevo relegadas al dictado de los nuevos arquitectos del planeta.

6. - Occidente & Oriente: ¿Quién ganará?

Parece inevitable el choque de trenes que se avecina entre los EE. UU y China por la hegemonía mundial en las próximas décadas o, tal vez, próximos siglos. Dicho de otra manera, los EEUU (actual gendarme del mundo) debe poner y defender su preciada corona en el cuadrilátero frente a un aspirante (China) que no se lo quiere poner fácil. Cada cual con sus armas y sus tácticas. ¿quién ganará? ¿Retendrá EEUU su título o China será el nuevo campeón? Ese es el verdadero quid de la cuestión. Los demás actores secundarios, no por ello menos importantes, y fidelidades aparte, podrán favorecer e inclinar la balanza a favor de uno u otro. Sobre todo, teniendo en cuenta que también andan buscando su propio espacio en esta más que probable reorganización mundial. Está claro que el papel que juegue cada cual será determinante.

En lo político, las ofertas parecen claras: EE. UU de América exporta un modelo basado en la separación de los tres grandes poderes: Legislativo, Ejecutivo y el Judicial. La independencia entre ellos, cuando se respeta y se cumple, es la garantía que permite instituir mecanismos de control frente a los posibles excesos de quienes están llamados a gestionar la *cosa común*. Incluso al conjunto de la ciudadanía. El mecanismo de su elección, dando voz y voto a la población, garantiza la censura a la labor de estos gestores. Igualmente es una manifestación del grado de libertad de su población. Es en este escenario donde impera la Ley. De ahí la frase de: "todos somos iguales ante la ley". Si bien es cierto que este modelo presenta ciertas debilidades, no es menos verdad que es el mejor escenario entre todos, en donde se forjan consensos. Los países que importan este sistema asumen la "dictadura" del voto como garante de la alternancia en el poder y la censura como elemento de control contra los excesos de un autoritarismo. Dicho de otra manera, y sobre papel, este modelo de gestión político-social tiene en la participación ciudadana un factor esencial que materializa los cambios que demanda la sociedad. De ahí la importancia de un diálogo constante entre gobernantes y ciudadanos para alcanzar determinados objetivos comunes. Eso es así con independencia de la inclinación política de los gobernantes de turno.

Por su parte, el modelo chino se basa en la negación de la Democracia, de los Derechos Humanos Universales y de la Libertad de Prensa. Los consideran, según el actual mandatario chino Xi Jinping, como unas de las siete ideas occidentales más peligrosas para China. Esto es tanto como decir que los valores universales y la democracia libre son el verdadero peligro para China. Xi Jinping es contundente en ello: "los derechos humanos no se aplican en China. Lo queremos así". Frente a esta negación, China apuesta por un sistema totalitario. Sobre esta base, la estructura orgánica del poder se asienta en lo que allí llaman el Mandarismo chino. El pueblo, que nominalmente es el propietario del país, no participa en las grandes decisiones de su nación. Para el Mandarismo, que se inspira sobre las bases ideológicas de Confucio, nadie llega a la cima del poder por elección pública, como sucede el Occidente. La meritocracia es la que te premiará o castigará. La nota se obtendrá una vez superadas ciertas y difíciles pruebas, además de haber sido formado en la Escuela Central del Partido y ser sometido a investigación por el Departamento de Organización del Partido. Desde el pensamiento confuciano, bien asumido por el mandarismo, la persona debe estar sometida a los designios del Estado. De ahí que la norma en China sea *el imperio mediante la ley*, al contrario del *imperio de la ley* como se formula en Occidente. Con esta plataforma el Estado chino se define como socialista, con un sistema unipartidista representado por el Partido Comunista Chino y encabezado por el secretario general del Partido, que actúa como líder supremo y marca los destinos el país, cuyo órgano supremo es el Congreso Nacional del Partido. Es el encargado de elegir, en sus reuniones quinquenales, a su secretario general y a los doscientos miembros que componen el Comité Central. Además, evalúa y aprueba los planes que deberán ser ejecutados y guiarán la política del país en los próximos cinco años. Por su parte el Comité Central es el órgano encargado de hacer efectivas las políticas del Partido y de nombrar a los veinticinco miembros del *Politburó.* Un grupo de personalidades muy selectas, dentro de las cuales están los que forman el Comité Permanente del Politburó. A este grupo reducido le corresponde tomar las decisiones de mayor calado del país y de formular las políticas de dirección que debe tomar el Partido a nivel nacional. Ante tal estructura, cabe preguntarse si estará China "del lado equivocado de la historia", tal y como afirmó en su día el presidente de los Estados Unidos Bill Clinton. Porque, ¿de qué sirve tanto desarrollo local, avances tecnológicos, carrera militar y espacial, expansionismo geopolítico, pomposas promesas de querer enriquecer a los demás países y empoderar a otras naciones, si en casa tu propia población vive tan sometida, carente de mecanismos de auto control al Estado y, sobre todo, de libertad. El desarrollo debe ponerse al servicio de las personas. Son sus actores y autores y a ellos se deben tales avances. Sin embargo, estamos ante una población que no es sujeto activo en el crecimiento de su economía, precisamente por vía de consumo, debido a los salarios bajos de la población mayoritaria frente al elevado coste de vida. Definitivamente el mayor crecimiento económico chino se debe a las cuantiosas inversiones en las infraestructuras. La cuestión es, cuando se vayan dando por finalizadas o suavizándose el ritmo de las mismas, ¿qué pasará en el momento en el que el consumo vaya a reclamar mayores índices? En condiciones normales, sería un escenario propicio para las revueltas. Pero con el mandarismo serían represalias contra la población. De hecho, ante la pregunta de: impulsar un sistema democrático o imponer un modelo totalitario. La decisión fue clara: El totalitarismo, porque, según su laboratorio de ideas y de sus asesores, el desarrollo económico y político solo puede lograrse a través de un periodo de totalitarismo y estabilidad. El progreso social y político puede esperar.

Otros actores esenciales en esta disputa son, por ejemplo, la Unión Europea, aunque sea socio comercial y de la Alianza Atlántica preferente de los EE. UU, desea tener voz propia en cuestiones comerciales, de defensa, política migratoria, energética y otras. Rusia no se resigna a recomponer su antigua URSS, ahora Federación Rusa. Ha puesto su mirada en algunos de los territorios que antes formaron parte de esa Unión y que ahora, tal vez, añoran esa alianza. Pasa lo mismo con la India que, aun cuando forme parte del grupo BRICS, tiene objetivos propios en este contexto planetario. Su inclinación por uno u otro bando, podría inclinar la balanza hegemónica. La India lo sabe, oero sus aspiraciones van más allá. No es para menos: pretende a ser el cuarto país en llegar a la luna, hecho que le encumbraría como superpotencia tecnológica. En un plano inferior podríamos señalar a Corea del Norte y Brasil, aun cuando tienen todavía mucho camino por recorrer, sus aportaciones en uno u otro lado serían sustanciales. A todos ellos habrá que escuchar, porque también van configurando sus propias preferencias.

Teniendo en cuenta todo este paraje, creo que el veredicto no se escribirá (o, al menos, no debería) entre ganadores y vencidos, porque supondría satanizar a unos frente a los otros. La destrucción podría ser aún mayor. Lo deseable sería extender mejor la actual globalización en otras áreas: política y social de las regiones, respetando la diversidad, consensuando cuestiones comunes e incorporando a otras regiones para las cuestiones que interesan a todos.

En este orden de ideas quiero plantear la interrogante sobre ¿cuál debería ser el posicionamiento de África a la hora de priorizar alguna opción frente a la otra? Antes, para situarnos en contexto, pongamos sobre la mesa una aclaración: cuando presentamos estas dos posiciones, no es tanto como para establecer una alternativa frente a la otra. Ambas formas de organización tienen sus defectos y confluyen en ciertos aspectos. Abrazarse a uno u otro modelo, sin más, sería un gran error. Sigo sosteniendo que África debe encontrar su propio camino. En mi obra intitulada "el camino hacia la emergencia de África" pongo sobre la mesa esa advertencia. En varios de los parajes de dicho trabajo vengo sugiriendo una posición decidida y determinante para salir hacia el gran mercado, donde nuestros productos pueden arañar su parte de cuota, sin necesidad de estar apadrinados por uno u otro. Sin que ello venga a significar una vuelta a la "no alineación". Creo que hay margen para cooperar con los unos y con los otros en aquellos aspectos que nos reporten ciertas ventajas. El mundo ya está globalizado, por más que pese a algunos, ya no es cuestión de debate. De lo que se trata ahora es de encontrar posiciones autónomas, al tiempo que la interrelación con otros países sea fluida y productiva.

7. - La deuda africana:

7.1. - Su origen

Antes de abordar los últimos capítulos de este ensayo, un asunto crucial reclama mi atención: la deuda exterior africana. Constatamos que es el resultado de una combinación de varios factores: su dependencia de las materias primas, la financiación de proyectos de infraestructuras con préstamos inestables, la mala gestión económica que se ha derivado a la corrupción y las crisis económicas y financieras globales.

El tema de la deuda externa africana es una cuestión tan vieja, equiparada en tiempos con la misma creación de los estados africanos. Es tan troncal que merece la pena prestarle mucha atención las veces que haga falta. Porque la carga de deuda externa africana es, quizás, la mayor causa que tiene maniatado o, al menos, limitado, el desarrollo africano, seguido de la corrupción y en tercer lugar el modelo sociopolítico. Dificulta, asimismo, las posibilidades de reducir la pobreza a largo plazo. Su prioridad, aun cuando por su magnitud debería ser tratado en un ensayo diferente, merece la pena ser recogida en parte en este trabajo.

Para su análisis y posible resolución, debemos conocer quiénes son los principales acreedores de la deuda africana, cómo se ha ido gestando y el peso actual de la misma. Para empezar, hay una realidad incontestable: Todo país en desarrollo, escaso de infraestructuras de base y carente de suficiente capital interno, deberá abrirse para recibir capital externo. Debe acudir en el mercado financiero exterior para obtener recursos necesarios para financiarse. Incluso los países altamente desarrollados tienen esta ventana siempre abierta y hacen uso de ella. La cuestión está en saber dar un buen empleo de esa financiación. Porque cuando los capitales externos se destinan productivamente y generan una rentabilidad suficiente, en principio, no debería haber grandes sobresaltos para atender la carga y el principal de estos compromisos. La condición para el buen funcionamiento es que el coste de recepción de ese capital sea inferior a la rentabilidad de los proyectos financiados. Se pretende decir con esto que, en principio, cualquier inversión para construir nuestras infraestructuras, venga de donde venga, es bien recibida. La cuestión radica en los estudios de viabilidad y rentabilidad de dichas inversiones y en la realización efectiva y rigorosa de dichos proyectos. Esta praxis es plausible en los ámbitos con una buena disciplina de gestión. De lo contrario, los grandes beneficios que generan la conectividad en esas infraestructuras quedarán diluidos y los costes de la inversión acabarán por estrangular al país.

Eso ha ocurrido en el caso de África mayoritariamente, y en varios países latinoamericanos pues los capitales endeudados primero fueron destinados a la compra de armas, luego para pagar los funestos proyectos de cooperación con Occidente y, finalmente, como fuente de enriquecimiento de los corruptos. En diferentes países, varios proyectos de miles y miles de millones han acabado en la lista de las desastrosas y costosas inversiones en infraestructuras. De manera tal que, mientras se mantengan las mismas premisas, el endeudamiento exterior y su martirio seguirán golpeando a África con mayor intensidad. No importa que sea de Occidente o de China. Son señalamientos estériles. África, como ya se mencionó arriba, debe tomar sus propias responsabilidades. No vale con seguir **buscando** culpables. Ninguno vendrá a socorrer a África, ni los unos, ni los otros. Y, en todo caso, el que no tiene, nada puede dar. El que tiene, si quiere, puede ofrecer lo que le sobra. De ahí que Félix Houphouët Boigny, entonces presidente de Costa de Marfil, llegó a sentenciar que: "la solidaridad entre los pobres, en ningún caso permitirá al continente africano sortear las penurias que le azotan", en clara contraposición al socialismo que defendían los africanos y varios de sus líderes durante las primeras décadas de las independencias africanas.

Con estas aseveraciones, y haciendo retrospectiva, se observa que todo empieza con las independencias cuando las metrópolis idearon fórmulas para mantener los vínculos dependientes con sus excolonias. Una de ellas, evidentemente, es la de maniatar a los países africanos mediante el yugo financiero. No en vano Thomas Sankara, primer presidente de Burkina Faso, durante la Cumbre de la extinta Organización de la Unidad Africana (1987) llegó a manifestar que "la deuda en su forma actual es una reconquista inteligentemente organizada de África, para que su crecimiento y desarrollo obedezcan a normas que nos son totalmente ajenas. Nos convierte en esclavos financieros, es decir, en esclavos de quienes han tenido la oportunidad, la astucia, el engaño de depositar fondos en nuestro país con la obligación de devolverlos". No sin razón, y siendo así, no es menos cierto que esa sea una forma exclusiva de Occidente para atar en corto a los países africanos. Lo mismo pasará (ya está pasando) con la espiral de los compromisos suscritos con China y sucedería con cualesquiera otros capitales vengan de donde vengan, mientras no se cambie de dinámica.

Veamos cómo se ha ido tejiendo la deuda externa africana y su evolución. Para empezar, su origen y causas se enmarcan cuando los países africanos se independizan. Estaban escasos de recursos para impulsar sus respectivos desarrollos autónomos. Durante las décadas de 1970 y 1980, muchos países africanos contrajeron préstamos masivos de instituciones financieras internacionales y gobiernos extranjeros para sostener su aparato administrativo, financiar proyectos de infraestructuras, industrialización y desarrollo social. Algunas variables multiplicadoras impulsaron la situación: excedente de liquidez en los países llamados petrodólares, bajadas de tipos de interés y la desregulación del mercado financiero internacional.

La excesiva liquidez y la facilidad de su contratación (tipos de interés muy bajos) permitieron a los países subdesarrollados en general lanzarse al mercado de capitales sin apenas control. Una liquidez que no fue utilizada para financiar proyectos de rentabilidad inmediata. Mas bien, buena parte de ella fue a alimentar inversiones improductivas.

Una década después, EE. UU, queriendo restañar las heridas de la Guerra de Vietnam, decide elevar en forma desorbitada los tipos de interés. Una maniobra que pilla a contrapié a todos los países del Sur. Todos cayeron en la insolvencia y se inicia la batería de propuestas salvadoras. México fue el primer país en solicitar una renegociación de la deuda y, ante la negativa de los de los acreedores internacionales, no tardó en declarar la suspensión de pagos en agosto de 1982. Otros países como Argentina y Brasil no se demoraron en sumarse a la iniciativa mexicana. El fenómeno "crisis de la deuda" ya estaba en marcha y sus consecuencias también. Particularmente en África que, a partir de la década de 1980, gran número de sus países empezaron a tener serias dificultades para cumplir con sus compromisos de pago de sus deudas externas, agravados con el paso de los años.

La década de 1990 finaliza con un colapso total de las economías africanas. Tres variables negativas, entre otras tantas:

a) deuda ligada a la suerte de las materias primas. La mayoría de las exportaciones estaban ligadas a las materias primas. Un aumento en las exportaciones, en principio, debería favorecer el pago de la deuda. Pero no resultó ser así. Más bien al contrario.

Las sucesivas crisis también latentes en la economía mundial casi siempre acaban expulsando en primer lugar las materias primas de los países subdesarrollados. Las políticas contraccionistas en las industrias occidentales, por una parte, las políticas proteccionistas de su agricultura con productos sintéticos venidos a sustituir los productos agrícolas africanos, por otra parte, concluyeron en una caída importante en los ingresos por exportación.

b) paralelamente a esto, los créditos fueron confiados (en la parte que se pudo) en financiar infraestructuras con la esperanza de que las mismas fueran rentables a medio y largo plazo y con esos réditos poder pagar la deuda. Tampoco eso ocurrió porque muchas de ellas acabaron siendo ruinosas.

c) la caída del muro de Berlín. Tal y como afirman varios analistas, el fin de la guerra fría desvió la atención de la cooperación occidental hacia la reconstrucción de la Europa del Este, confinando esos propósitos en África a las ONGs. Una herramienta más de creación de empleos en Occidente, pero que no acababa de resolver los problemas estructurales en África. Unas veces porque sus proyectos se diseñaban al margen de las realidades en donde debían aplicarse y otras veces por su falta de consistencia y de poca durabilidad en el terreno. A los pocos años de finalizar el proyecto, ya no quedaba nada.

En cuanto a las cifras y efectos, la deuda externa africana tuvo un crecimiento muy acelerado pasando en veinte años de 39.000 millones de dólares aproximadamente (años setenta) a 297.000 en la década de los noventa. En ese mismo periodo, el servicio de la deuda, igualmente se disparó del 7,8% de las exportaciones al 21%. El colapso de la economía de los países africanos era total. Las instituciones financieras occidentales tenían que hacer algo. Los programas de ajuste estructural a instancias del Fondo Monetario Internacional (FMI) y el Banco Mundial se pusieron en marcha. Sus efectos resultaron ser aún peores: Reducción del papel del Estado en los programas sociales, el obligado incremento en la producción primaria como imperativo a África para seguir beneficiándose de las ayudas occidentales y reducir el peso de la deuda externa. Como resultados: mayor brecha en las Relaciones de Intercambio, incremento de la deuda y más empobrecimiento. Este fracaso motivó al FMI y al Banco Mundial poner en marcha (1996) la otra herramienta, con la denominación de la Iniciativa de Alivio de Deuda (HIPC, Highly Indebted Poor Countries por sus siglas en inglés). En su primera fase, 33 países africanos se adhirieron a la iniciativa. La finalidad: reducir la deuda de los países pobres altamente endeudados hasta que alcanzaran un nivel que llamaron de "sustentabilidad". O sea, hasta que cada país en cuestión, de forma individual, pueda estar en condiciones de pagar su deuda sin retrasos ni renegociaciones y sin comprometer su desarrollo. Una serie de operaciones aritméticas con respecto a las exportaciones y a los servicios de la deuda concluían con que un país pudiera ser considerado como "*sustentable*", para después poder recibir ciertas condonaciones de la deuda. Pero, además, habría que obtener el certificado de "*condicionalidad*". Esto quiere decir que el país en cuestión debía mostrar un récord de buena aptitud macroeconómica, cuya cualificación se obtiene después de tres años de un buen desempeño. Así se alcanza el "punto de decisión" (decision point). Tres años después de este "punto de decisión", la revalida superior se aprobaría con el certificado del "punto de completitud". Dicho en plata, para los no familiarizados con la materia, todo este galimatías viene a significar que: a) el diploma de un buen desempeño macroeconómico es el "punto de completitud". b) se consigue a los seis años de un durísimo sacrificio y c) una vez obtenido el título, el país en cuestión podría beneficiarse de las clemencias de los prestamistas occidentales. Casi nada. Igualmente, esta iniciativa cayó en saco roto por sus excesivas restricciones. Solo ochos países aprobaron el examen. Tres años después (1999) BM y el FMI sacan de la chistera otra iniciativa que modificada la anterior (la Iniciativa Ampliada HIPC). Esta otra estuvo ligada con el deseo de que los países pudieran lograr los Objetivos de Desarrollo del Milenio, entonces marcado para el 2015, a través de un alivio significativo de la deuda y, en algunos casos, mediante una condonación al cien por cien de la misma. Entre las recomendaciones del informe del Proyecto del Milenio de la ONU está la de "redefinir la sostenibilidad de la deuda como el nivel de deuda compatible con el logro de los Objetivos de Desarrollo del Milenio, llegando al 2015 sin una nueva deuda pendiente…" En definitiva, y como conclusión, estas iniciativas solo supusieron parches, pero de ninguna manera resolvieron los problemas de la deuda. De hecho, la escalada de la misma es cada vez más acentuada. Si en 2020 el stock de la deuda era de 702.000 millones de dólares, en apenas dos años más la misma se ha situado en 770.000 millones.

Por otra parte, China aterriza definitivamente en África a partir de la década de 2000 con un discurso esperanzador. En el origen, se presentó como la solución al subdesarrollo de este continente. Ofreció su comprensión y solidaridad económica. Primero mediante unos créditos a muy bajos tipos de interés y a largo plazo para financiar infraestructuras. Segundo, manteniendo su discurso del año 1955 cuando se creó el movimiento de los países no alineados, también les aseguró no inmiscuirse en sus asuntos internos. "yo les ofrezco dinero a muy bajo coste financiero, a pagar en varios años. Ustedes, con ese dinero, contratarán tecnología y mano de obra chinas para vuestras infraestructuras a cambio de materias primas". "Olvídense de los discursos occidentales sobre la buena gobernanza y de los cambios democráticos de gobierno". El caramelo gustó a los dirigentes africanos, y de qué manera. Si podemos construir infraestructuras a cambio de nuestras materias primas y de paso llenarnos los bolsillos, sin exigencias de buena gobernanza, ¿qué problema hay?, supongo que es así como se preguntaron los mandatarios africanos. Encima la población censurará positivamente estas transformaciones y algunos se beneficiarán también de las migajas y corruptelas. ¿Quién iba a lanzar la primera piedra? El círculo quedaba armado. Con esta plataforma, empieza la escalada del endeudamiento de África con China. En 2019, China ya tenía suscritos préstamos con cuarenta de los cincuenta y cinco países africanos. Un aumento significativo que tiene su correlación directa con la deuda. Si en 2010 la carga de la deuda china era en torno a los 40.000 millones de dólares, en 2019 dicha deuda se situaba en 153.000 millones y en 2022 en 170.000 millones de dólares, según los datos de la Iniciativa de Investigación China-África de la Universidad Johns Hopkins.

En poco más de dos décadas la deuda de los países subsaharianos con China ya representa un tercio del peso global de su deuda externa. Una carga que empieza a ser demasiado pesada para algunos países, cuyas consecuencias son alarmantes. Solo son datos, por ahora, pero su espiral al alza no es precisamente lo que se debería esperar de aquel país cuyo discurso "no imperialista", de espíritu samaritano, podría tranquilizar. En el retrovisor ahí tenemos las consecuencias con la República de Yibuti. Un país en el ranking 40 de los 53 países africanos (por su producción interior bruta), tiene comprometido casi su 50% de su PIB en deuda china, equivalente a 1.400 millones de euros, de los 1.408 millones de euros de su deuda total.

Otros de los países también asfixiados por la deuda china son:
-Angola que, en términos reales, es el país que más deuda acumula con China. Con una deuda pública de 77.654 millones de euros (2022), la deuda china representa 46.200 de esos millones;

-Etiopía se sitúa en segundo lugar. Debe a China 13.700 millones de euros del total de 53.008 millones de su endeudamiento.

-Zambia es la economía número 109 en un ranking de los 195 países reconocidos. Su principal fuente de ingresos (casi el 90%) es la exportación del cobre. Su PIB en 2022 estaba cifrado en 27.685 millones de dólares. Pues este país atesora unos compromisos con acreedores extranjeros por valor de 27.795 millones de dólares, de los cuales cerca de 9.900 millones corresponden al crédito chino. No es de extrañar que este país sea incapaz de atender sus compromisos de deuda.

Definitivamente los países africanos ya están a merced de la estrategia china del «collar de perlas», según denominación de los funcionarios estadounidenses.

Si bien es cierto que China no sea la única culpable de la carga de la deuda africana, no es menos cierto que su política prestamista tan agresiva puede verse como una "trampa". De hecho, su estrategia prestataria ha ido cambiando con el tiempo. Primero concedía préstamos para la construcción de infraestructuras, a cambio de recursos y materias primas. Ahora son una especie de créditos hipotecarios como en el ámbito privado. Esa es la diferencia entre los préstamos del Norte Global con respecto de los que ofrece China. Eso sí, muy bien calculados y cargados de mucha opacidad. Entre los acuerdos, y para garantizar su inversión, China incluye la cláusula de quedarse con la propiedad de las infraestructuras en caso de impago. ¡Ojo al dato! Ahí tenemos el caso de Sri Lanka que puede dar buena fe de ello. Su puerto (de Janbantota) financiado con crédito chino ha sido ocupado por 99 años, además de una vasta zona terrestre a su alrededor.

En África ya tenemos el primer ejemplo: La República de Yibuti, ahogada por el crédito chino, acaba de ceder una parte de su territorio como base militar de china, como ya se ha comentado. No se disciplinaron los yibutíes con el ejemplo de Sri Lanka, tampoco los demás países africanos van tomando buena nota. Para cuando se den cuenta, ya será tarde. Supongo.

Se especula que el siguiente país en África podría ser Kenia, si no fuera capaz de pagar su mega-deuda por la construcción de su puerto de Mombasa y por la financiación de su proyecto de la autopista, que conecta el barrio de *Westlands* con la ciudad de Mlolongo, a través del *Jomo Kenyatta International Airport* y el centro de la ciudad. Por lo pronto, esta mega autopista "El *Nairobi Expressway*", *que* **está cuantificada en** 565 millones de euros, pasará a la propiedad china durante 30 años. ¿Y después?

Solo son ejemplos que deberían despertar, cuanto menos, la atención de África en su cooperación financiera con China. Este país financia cuantiosas infraestructuras portuarias estratégicas para su megaproyecto comercial en países cuya rentabilidad a medio plazo difícilmente compensaría su coste. Entonces aparece y se adueña no solo de la infraestructura portuaria correspondiente, sino que también de un territorio importante del país. Por lo pronto, con esta política, China ya controla más de 75 puertos en 35 países y va subiendo. Se pretende decir con todo esto que China ofrece financiación, pero los receptores de la misma deben tener cuidado con las condiciones impuestas.

La mayor crítica, a mi parecer, en cuanto a su implicación financiera de China en África, se centra en cuatro enfoques:

a) Su política de desarrollo, basada en inyectar financiación para infraestructuras pesadas a países sin escrúpulos, a cambio de sus materias primas cuyos precios, como se sabe, son altamente fluctuantes y a la baja.

b) Su contribución pasiva en la corrupción de estos países a la hora de implementar dichas obras. Póngase, por ejemplo, que, en determinados países africanos, buena parte de las infraestructuras en construcción, en menos de 15 años, ya presentan verdaderas estructuras ruinosas. El empresario chino asegura "poco dinero, poca calidad y trabajo rápido", pero el Estado paga todo lo que presupuesta y el empresario reparte dicho importe con los que conciertan cada proyecto. La corresponsabilidad es evidente.

c) No garantiza la transferencia de tecnología y la formación de los operarios nativos. China perpetúa su dependencia para que todo funcionamiento dependa de ellos y así, de esta manera, su financiación inicial siga incrementando el peso de la deuda mientras los precios de las materias primas van cayendo en picado.

d) Tampoco crea economía productiva. Se limita a pequeños comercios con su personal expatriado.

e) sus préstamos se reducen a las infraestructuras y/o las materias primas nacionales.

Todos estos elementos son similares a la cooperación financiera occidental, cuyos efectos globales analizaremos a continuación.

Los posicionamientos de China & Rusia en África no están pasando desapercibidos desde Francia, país que no quiere perder su posición estratégica, más aún ahora que empieza a sentir las consecuencias de la posición política en la República de Mali (Burkina Faso está por la misma labor) y que puede extenderse por otros países africanos. Francia está proponiendo proyectos mejores y más ambiciosos para el desarrollo de África. Puede citarse como ejemplo: La cuarta edición del foro *Ambiton África*, celebrado entre los días 4 y 5 de octubre de 2022 en París y organizada por Business France, en el que puso su eje de atención sobre la idea de reforzar los vínculos económicos y comerciales con África. En el mismo se implicó Francia de manera directa con la presencia del ministro delegado de Comercio y Atractivo. Este Foro creado en 2018 por Business France, cuyas reuniones son anuales y en las que se congregan miles de participantes y empresas (francesas y africanas), tiene como horizonte apoyar el desarrollo en los mercados africanos. La cuestión es, si Francia estará dispuesta a modificar o eliminar algunas de las cláusulas impuestas a estos países para su descolonización. Especialmente:

La primera que hace referencia al pago de los beneficios de la colonización: "los nuevos estados independientes deben reembolsar el costo de las infraestructuras construidas por Francia durante la colonización".

La segunda que hace referencia a la confiscación automática de las reservas Financieras Nacionales: "los países africanos deben depositar sus reservas financieras en la Banque de France". O sea, están obligados a mantener el 65% de sus reservas de divisas en una cuenta de operaciones mantenida por el Tesoro francés, así como un 20% adicional para cubrir los riegos financieros. En definitiva, estamos hablando de un bloqueo del 85% de las finanzas africanas en el Tesoro Francés.

La tercera que trata del derecho preferente sobre cualquier recurso prima o natural descubierto en el país: Es decir, "Francia tiene el primer derecho de compra de los recursos naturales de la tierra de sus antiguas colonias". Solo después de que Francia haya dicho: "No estoy interesado", los países africanos pueden buscar otros socios.

La cuarta: Sobre la prioridad a los intereses y empresas francesas en las contrataciones y licitaciones públicas. "En la adjudicación de contratos públicos, las empresas francesas tienen prioridad sobre las licitaciones. Incluso si los países africanos pueden obtener una mejor relación calidad-precio en otros lugares". Costa de Marfil es la clara implementación de esta cláusula donde la mayoría de los sectores estratégicos del país están en manos de empresas francesas. Controlan los principales servicios públicos: la electricidad, el teléfono, el transporte aéreo, los puertos y los principales bancos, incluso la red agua, la agricultura y la construcción.

Cláusula sexta: Le otorga a Francia el "derecho de desplegar tropas e intervenir militarmente en los países africanos, para defender sus intereses". Con este redactado, no es de extrañar que Francia decida quitar o poner, con o sin golpe militar, a cualquier presidente africano díscolo y también a estacionar tropas de forma permanente en bases e instalaciones militares, totalmente administradas por los franceses.

El acuerdo noveno obliga a los Bancos centrales de las excolonias francesas a remitir anualmente al Banco y Tesoro Frances, el Balance Anual del Estado, así como el Estado de las Reservas del país en cuestión.

Estas cláusulas, hasta un total de 11, maniatan a todos los países francófonos de África en el sentido de que todas sus palancas económicas están en manos de expatriados franceses. No habrá cooperación económica próspera para África si no se suavizan, al menos, estas medidas.

7.2. - Otra vez, con la misma piedra.

Pero como la historia se repite, casi cuatro décadas después, la preocupación por la crisis de la deuda de África se reabre con elementos análogos. China se está abriendo al mundo, y lo está haciendo fijando su mirada hacia el sur del mundo. Los países del Sur (África entre ellos) necesitan financiación sin severos condicionantes. China sacia sus apetencias e inunda África de créditos blandos. Ya se ha expuesto antes. En apenas dos décadas después de sus primeras financiaciones saltan las primeras alarmas. Zambia, emulando a México (1982) da el pistoletazo de salida, cuando el 18 de noviembre de 2020, Christopher Mvunga (gobernador del banco central zambiano) anuncia "no pagar más a ningún de nuestros acreedores". Zambia, con una deuda externa superior a su PIB, se convertía de este modo en el primer país africano en anunciar la suspensión de pagos. Un mes después Ghana se sumó a la iniciativa zambiana. No era para menos. Con unos compromisos de deuda que se comían más del 70% de sus ingresos no les quedó más remedio a los ghaneses que devaluar su moneda y declararse en suspensión de pagos. Etiopía ya ha comunicado lo mismo para finales de 2024. En otros países como Angola, Egipto, Kenia, Túnez, Namibia o Sudan, la incertidumbre es máxima y el riesgo de impago también. Todos ellos se asoman al abismo.

Otros tantos países africanos, hasta 23 (según el FMI), son candidatos a la categoría de "país agobiado por la deuda". Lo que, en terminología inglesa, se denomina "debt *distress*". Es decir, a un paso de incumplir con los términos originales de pago de sus deudas. La pregunta es doble: ¿Cómo se ha llegado a esta situación, teniendo en cuenta que África produce ahora más? y, ¿qué hacer para salirse de esta "trampa" de la deuda? Como siempre, las respuestas vienen dadas desde fuera y las soluciones también. Para el pensamiento pro-chino, el Covid-19, primero y la guerra ruso-ucrania después son las últimas causantes. Para la corriente contraria, todo empieza con el carrusel del dinero fácil chino, acompañado por los efectos del Covid-19 y posteriormente rematado por la guerra de ucrania. Pero hay más variables a tener en cuenta, como es el caso de la mala gestión de los recursos por los propios países africanos. La corrupción, se viene insistiendo en este trabajo de forma cansina, es una de las grandes sangrías de las arcas de los estados africanos agravada por la fragilidad de las democracias africanas. La cuestión no es charlotear de democracia y de emborronarse con leyes estupendamente sancionadas, más importante es su cumplimiento. Esto no es así en varios países africanos, de ahí esta penosa carga de la deuda. Solo Cabo Verde y las islas Seychelles se salvan del conjunto de los 53 países africanos. Pero, cómo se ha originado esta corrupción y por qué se perpetúa. Unos dirían que es un problema sociológico africano. La cultura bantú, ese retraso sociológico, de la que tanto he criticado, entiende que *"lo que no es de nadie, es de todos".* Por lo que cada cual desde su peldaño deberá agarrar la parte del pastel que le toque. Ya se ha comentado arriba. Otros (como Carlos Luján Aldana) afirman que es un problema socioeconómico que afecta a todos los países subdesarrollados. Para C. Luján, la pobreza estimula la corrupción. De esta manera, *"la corrupción se origina debido a las precarias condiciones materiales de vida, al bajo nivel de desarrollo humano (en el sentido amplio de concepto de pobreza) y al deseo de ascender de estatus dentro de la pirámide social a cualquier costo, creando un círculo corruptivo difícil de contener".* En su artículo sobre "La corrupción en África y sus raíces sociales", publicado el 1 de abril de 2019 en la revista Tlilxayac, sigue sosteniendo que *"sería un error afirmar que la corrupción es un problema solamente de carácter público, aunque en su combate es preciso la participación activa del Estado y el fortalecimiento de sus instituciones".*

Ahora debo matizar mi afirmación hecha en la introducción de este libro sobre la corrupción. Aun estando de acuerdo con Carlos Luján Aldana en su segunda afirmación, no puedo estar conforme con él en la primera. No comparto que sea la pobreza la que genere la corrupción, al menos en África no lo creo. Porque en África no corrompe el que pasa miserias, sino el que puede. En África-en Guinea Ecuatorial, por ejemplo, no es aquel vecino que vive en el barrio marginal de New Billing o aquella señora que vende buñuelos por la calle al atardecer para llevar el sustento a sus hijos, quien saquea los recursos del Estado. Tampoco son esas pequeñas piraterías que se llevan a cabo por los funcionarios de a pie las que esquilman las arcas del Estado. No se pretende defender estas actuaciones, que quede claro. Pero se trata de una marginalidad con escasa influencia en las finanzas del Estado y que fácilmente son controlables, si hay voluntad política. Al contrario, son aquellos poderosos, en sus grandes esferas de influencia, con la impunidad con la que viven, los que empobrecen la hacienda del Estado. Son los que conciertan los cuantiosos proyectos de inversión estatal, de los que se llevan formidables comisiones. No crean empleo. Nada de empresas, industrias, ni fábricas. Prefieren pasear sus abundancias adquiridas ilegalmente a la vista de los marginados. Ahí está la verdadera y dañina corrupción en Guinea Ecuatorial. Este ejemplo se puede perfectamente trasladar en otros tantos barrios y países africanos. Por lo que la corrupción en África está directamente relacionada con el poder absoluto, la (des)gobernanza y el bantuismo. Un bantuismo que condena sin paliativos a los que no son del clan familiar. Al contrario, es condescendiente con cualquier nivel de corrupción que provenga de la familia o de los círculos de amistades. Si se cuantificara en su justa medida el valor de este virus en el tiempo, si se hubiesen invertido esos fondos productivamente, posiblemente la deuda exterior de varios países se reduciría en su mínima expresión. De manera que, ahora que hay un debate más profundo, con altura de miras, sobre la crisis de la deuda africana debemos indagar sobre los responsables africanos, los que ejercen el poder real. Una vez más, todo no es culpa del traspaso de la deuda colonial, como tampoco son los préstamos hipotecarios chinos.

No se discute que el Covid-19 primero y la guerra ruso-ucrania después han sido los catalizadores en un terreno bien abonado. Efectivamente el coronavirus afectó a todas las economías mundiales, con un efecto demoledor en la africana donde ensanchó aún más la relación entre la deuda y el PIB de varios países. Y, por si fuera poco, la guerra ruso-ucrania, que aceleró la caída de la demanda y de los precios de las materias primas, vino casi a imposibilitar que los países dependientes de los recursos primarios puedan hacer frente a sus obligaciones exteriores. Se suma la corrupción y el mal uso del capital financiero chino. Todo este compuesto es el resultado de la carga actual de la deuda que, según datos ofrecidos por Ahunna Eziakonwa directora en África del Programa de Naciones Unidas para el Desarrollo (UNDP), África destina ahora poco más del 16% de su PIB en el pago de la deuda, contra el 5% del año 2010. Con esta tendencia creciente se encienden todas las alarmas y no es porque el porcentaje o el tamaño de la deuda sea por sí un problema. Varios países desarrollados muestran valores de endeudamiento aún mayores. Japón es uno de ellos, con niveles de endeudamiento entorno al 200%, como los EE. UU y otros varios países occidentales. Pero sus economías son fuertes y tienen políticas activas de saneamiento. El problema en África es que asistimos a países con economías muy frágiles que se endeudan a niveles superiores a sus propias posibilidades de creación de riqueza. Y en el caso de algunos de ellos, cuyas exportaciones dependen casi en absoluto de un recurso, las fluctuaciones a la baja en sus precios acaban golpeando fuertemente a sus ingresos presupuestarios: Guinea Ecuatorial, sus exportaciones petrolíferas sostienen el 85% de sus presupuestos generales del Estado; el Uranio de Níger financia el 80% del presupuesto nacional; el café Uganda el 99% y el cobre de Zambia el 83%, etc…

Con este panorama, llegamos a la década de 2020 con una deuda africana por las nubes, especialmente en algunos países. En noviembre de 2020, Zambia fue declarada oficialmente en *default*, incapaz de pagar su deuda externa. Le seguiría *Ghana* en diciembre de 2022. Hoy en día, la situación en otros países es particularmente preocupante.

Pero en una economía tan globalizada como la actual, el problema de la deuda africana también tiene sus efectos colaterales en el conjunto de la economía mundial. Es cierto que para África una deuda tan asfixiante tiene consecuencias directas: reajustes presupuestarios para el conjunto de la economía social (educación, sanidad…) mediante fuertes ajustes fiscales; una repercusión negativa sobre el empleo público, no olvidemos que gran parte de los empleos de estas economías se crean sobre el sector público; dificultades en la paga de la deuda (mientras los agios por los impagos se multiplican a medida que van venciendo los plazos de pagos); se paralizan los proyectos en infraestructuras, con el consiguiente deterioro y, por si fuera poco, se dispara la Relación Real de Intercambio con los acreedores y las dudas sobre las posibilidades de pago. Por eso también a los países acreedores les preocupa la cuestión de la deuda africana. Si quieren recuperar sus préstamos, más les vale ofrecer ciertas soluciones efectivas. Pero siguen siendo apaños. África misma debe dar el "do de pecho". Debe poner en valor sus propias capacidades, por mínimas que sean. Y es aquí donde habría que volver a insistir sobre el modelo de convivencia y la disciplina en cuanto a su cumplimiento.

La sola abundancia de recursos naturales no garantiza un próspero desarrollo. Más importante es el buen uso de los mismos. África posee un tercio de las reservas mundiales, pero su contribución en la economía mundial apena supera el 4%. En el Ranking de los países con mejor PIB nominal, la República Democrática del Congo ocupa el puesto 88 de entre los 195 países reconocidos, a pesar de enorme base de reserva mundial. El primer país africano en esa lista es Nigeria en su puesto 39. Seguido de Sudáfrica en la posición 41. Habría que bajar hasta la posición 61 para localizar a Marruecos. Kenia en el puesto 66 y Angola en el 70. Gabón en el 125 y Guinea Ecuatorial en la posición 149. Haciendo una comparativa, sin tener que justificar nada, cuando África se independiza apenas contaba con mano de obra y profesionales cualificados. Tampoco tenía tecnología ni habilidades básicas para implementar proyectos productivos desde casa. Mucho menos contaba con capital propio para adquirir y suplir estas debilidades. Hoy en día el panorama es radicalmente diferente: África cuenta con egresados de altísimo nivel, algunos formados en prestigiosas universidades occidentales y otros en las universidades nacionales, igualmente muy bien preparados. Buena parte de estos egresados no están convenientemente absorbidos por el sector productivo nacional africano, más bien engrosan la bolsa de parados de nuestros mercados a cambio de seguir importando expertos de las mismas universidades donde se graduaron los nacionales. ¿También eso es culpa de Occidente?

De la misma manera, el África de hoy posee capacidad financiera (gracias a sus PIB) para adquirir tecnología foránea, aunque sea de segunda velocidad. Por algo se empieza.

Las cosas se pueden hacer mejor, si hay voluntad política. Como se dice corrientemente, "el pasado ya pasó". De lo que se trata es de mirar hacia el futuro. Es cuestión de emplear las variables competitivas de cada país, sin arrogancias estériles ni reproches al pasado. Se puede tomar como ejemplos la República de Estonia, en la Europa del Norte y la República de Rwanda, en la región de los Grandes Lagos en África Oriental.

Por un lado, tenemos a la República de Estonia. Un diminuto país de apenas 17.505 Km/2 y una población de poco más de 1.349 millones de habitantes. Tras diversos años de ocupación soviética, se independiza en 1991, cuando los movimientos de Comités de Ciudadanos llevaron a que los estonios renunciasen de manera masiva al Partido Comunista Estonio entre diciembre de 1989 y febrero de 1990 adoptando un sistema de gobierno de República Parlamentaria Democrática, representativa y pluripartidista en el marco de un Estado unitario. Han tenido que pasar poco más de tres décadas para que este país báltico se convirtiera en el que menos deuda pública tiene en toda Europa, con poco más de 7.375 millones de euros en 2023 y un PIB per cápita de 27.590 €. Se trata de un país que apenas tiene grandes recursos naturales, si se exceptúa la pizarra bituminosa de la que se extrae el gas metano. En definitiva, los estonios, para salir adelante, se olvidaron por momento del colonialismo sufrido ante la Rusia imperial. Supieron poner en valor su fortaleza: una economía abierta y liberal, cuentas públicas saneadas, entorno empresarial sólido, instituciones fuertes, con plena división de poderes y buenas relaciones internacionales. A todo esto se suma su pertenencia en la Unión Europea y la adopción del euro, que le han permitido encontrar su espacio en este gran mercado mundial.

Por otra parte, tenemos a Rwanda. La historia reciente de este pequeño de apenas 26.340 Km^2 es asombrosa. Antigua colonia belga hasta julio de 1962, ha sido eminentemente agrícola y su exportación representaba casi el 63% de los ingresos en 1994. El genocidio que asoló este país (entre el 7 de abril y el 15 de julio de 1994) y que lo asumió en una pobreza total, permitió al pueblo ruandés extraer conclusiones positivas y precisas. La primera y la más importante es la de acabar con los atrincheramientos y odios étnicos. En adelante, ningún ruandés, por su condición étnica, deberá ser más que otro ni tendría más privilegios. Todos tendrán que formar parte activa en la gestión de lo público, sin que ninguno se aproveche de los beneficios. Una llamada severa contra la corrupción que, por ahora está dando resultados. Para hacer efectivas estas normas, Rwanda modifica su Constitución (2015). En su artículo 10 punto 4 reconoce un reparto equitativo entre las etnias: "La creación de un Estado gobernado por el imperio de la ley, un gobierno democrático pluralista, la igualdad de todos los ruandeses y entre hombres y mujeres, lo que se ratifica por la asignación de, al menos, el treinta por ciento de todos los cargos en los órganos de decisión". Recordemos que el genocidio ruandés tuvo tintes étnicos. Los hutus contra los tutsis y todo por repartos de poder que, a su vez, conlleva prebendas importantes. Pues bien, con este sistema ninguna de las dos etnias podrá acapararlo todo. Los hutus por su condición de mayoría (85%) de ninguna de las maneras podrán hacerse con la gestión de lo público como si de empresas privadas se tratara. La constitución reconoce un mínimo (30%) de tutsis en todos los órganos de poder ruandés. Igualmente se reconoce, por derecho constitucional, una discriminación positiva a las mujeres de, al menos un 30%, en la gestión pública. Sentadas estas bases de convivencia y a partir de una economía liberal, se gestó lo que se ha dado por llamar "el milagro ruandés". Su posición privilegiada en el ranking Doing Business (puesto 38 de 190 países analizados), que clasifica a los países según su facilidad que ofrecen para hacer negocios, le está permitiendo atraer mucho capital privado exterior. En cuanto a la percepción de la corrupción, de los 195 países analizados, Rwanda se sitúa en el puesto 49. Escaso de grandes recursos primarios, ni salida al mar, Rwanda se ha lanzado hacia la economía digital y aspira a ser líder regional en las tecnologías de la información y la comunicación (TIC), sin descuidar modernizar su subsector de turismo, que actualmente es su principal fuente de ingresos. Su próxima estación es la de convertirse en el Silicon Vallery africano, para ello ha habilitado una zona específica en la que está concentrando unas industrias relacionadas con la computación y semiconductores. Hoy en día, este país de diminutas dimensiones entre los colosos de África, ha sido elegido, por la Noorsken Foundation, como laboratorio panafricano para emprendedores de la nueva economía. Todo esto sin reproches coléricos contra el imperialismo belga, ni discursos trasnochados del bantuismo.

8. - Elección africana.

"La libertad de elección es un principio universal al que no debería haber elección",

MIJAÍL GORBACHOV

8.1. - Teoría de la elección

La teoría de la elección, según los economistas, se fundamente en la posibilidad real de disponer libremente de diferentes opciones que puedan satisfacer ciertas necesidades. Eso, a su vez, implica tener un conocimiento claro de las distintas alternativas. A la hora de ejecutar dicha elección, el consumidor deberá haber evaluado previamente el grado de satisfacción que le reporta dichas posibilidades. Traducido al contexto que nos ocupa, es tanto como decir que África debe barajar las ventajas e inconvenientes (político y económicos) de una u otra alternativa: seguir apadrinados por Occidente o plegar sus alas con dirección a China & Rusia. La verdad es que no se trata de eso. La globalización no debe ser entendida como sumisión o adherencia ad hoc. De lo que se trata es: si se apuesta por un sistema político totalitario o, por el contrario, se decanta por un modelo de las libertades. Pobreza & hambrunas frente a desarrollo inteligente. Esta decisión marcará el devenir del desarrollo económico-social africano.

De antemano, aunque no se haya aclarado desde el inicio, debo precisar que este trabajo se centra fundamentalmente sobre el África negra. El África blanca tiene unas singularidades que sugieren desmarcarlo de este análisis, aunque solo sea por su nivel de desarrollo nada comparable a los países del África Central y del Sur. Sentada esta aclaración, estamos en condiciones de abordar las interacciones de África con cada uno de los bloques, desde tiempos pretéritos hasta hoy.

Con respecto de Occidente, ha quedado infinitamente documentadas, por diversas hemerotecas, las relaciones de África y Occidente, que tienen su punto de partida a mediados del siglo XV, con el inicio del comercio de esclavos. A finales de 1884, principios de 1885, Occidente dispuso repartirse el botín de África durante la que se denominó Conferencia de Berlín. En la misma, Francia se benefició del 34,05% de los territorios; Inglaterra el 28,05%; Italia el 11,75%; Alemania el 9,43%; Bélgica el 8,30%; Portugal el 7,24% y España el 1,18% restante. Por lo tanto, y a partir de entonces, el devenir de África quedaría a merced de estas metrópolis. Esta disparidad es un fiel reflejo de las políticas implantadas en sus excolonias y proyectadas hasta después de las independencias. Cada uno gestionó sus pertenencias en África a su conveniencia e intereses. Igualmente los independizó cuando convino y suscribió con ellos acuerdos de colaboración posteriores en base a sus beneficios futuros. Haciendo un breve recorrido, llama la atención los acuerdos inmoderados de Francia para con sus excolonias a cambio de sus independencias. Su vigencia hasta hoy, sin modificar ni tan siquiera un ápice, constituye el mayor foco de rebeldía y rechazo. Por mal camino va Francia si sigue insistiendo en mantenerlos tal cual: acabará perdiendo su trozo, muy suculento, del pastel africano. No podrá seguir sustituyendo, mediante golpes de estado, a los dirigentes fantoches africanos a su antojo. El rechazo que se manifiesta en varios países africano-francófonos con su ex-metrópoli no se debe precisamente contra Francia como Estado, más bien va dirigido hacia las políticas de sus dirigentes, anclados en el pasado. Dice el actual inquilino de los Campos de los Elíseos que "estos países africanos tienen y manifiestan un odio radical a Francia". Habría que contestarle: no señor presidente Imanol Macron, África no odia a Francia. Detesta vuestras políticas, la de los dirigentes franceses, que impiden a África desarrollarse. Usted sabe perfectamente, sr. Macron, que cualquier país que tenga su masa monetaria, aquello que los economistas llaman M3, maniatada por otros poderes externos, no tiene posibilidad de implementar políticas económicas consistentes. Sin esta, su desarrollo económico estará siempre a merced de lo que se determine por ese poder foráneo. Únase a esto la intromisión francesa en la libre elección de los mandatarios africanos a los que maneja en función de los intereses de Francia. La deriva en las relaciones Francia-ex colonias africanas se debe precisamente a todo esto, por lo que arengar un discurso político de odio contra Francia solo pretende justificar los hechos que nada tienen que ver con esa realidad a la que Vd. se refiere. Por lo pronto, la desobediencia, aunque tímida, ya se ha puesto en marcha. Una decisión como la de la Republica de Mali, deshaciéndose de los acuerdos coloniales con Francia, que, si la tomaran los otros Estados africanos bajo su control, supondría un durísimo golpe para las finanzas francesas. Francia tiene más que perder en ese escenario. Perderá su potente cantera de materias primas, los privilegios preferentes de sus inversores en África y consecuentemente el 85% de las reservas que el África francesa colonial atesora en el Tesoro Francés. Actualmente trece países, si se excluye a Mali y se incluye Guinea Ecuatorial (ex colonia española) están sometidos a este imperio. En su argumento, un tanto anacrónico como vetusto, Francia asegura que sus acuerdos para las independencias de sus colonias africanas se deben a que quiere asegurarse del retorno de su inversión -sin cualificar ni cuantificar- en las infraestructuras coloniales durante la colonización. ¿Cuál fue el valor de esa inversión? Francia ni contesta ni le conviene. Habrá que remangarse también para exigir a Francia la compensación por las materias primas que se ha llevado y sigue llevando de estos países a precio de saldo.

Ver el libro: *El camino hacia la emergencia*, pg. 150

Nada hace pensar que la corriente iniciada por la Republica de Mali vaya a tener vuelta atrás, sin cambios sustanciales en el modelo de cooperación de Francia con estos países africanos. Se sabe cómo empiezan estas corrientes, difícil es predecir su final. Asimismo, empezó el movimiento independentista de África. Los resultados a partir de la década 1960 son bien conocidos. Bien harían los demás países europeos beneficiarios del reparto del pastel africano, en tomar buena nota. Porque cuando se pretende aseverar que el desamor africano con Occidente tiene su eje en las relaciones de Francia-excolonias franco africanas, no debe entenderse que las sintonías de los demás países con sus ex metrópolis transitan en absolutas cordialidades. Basta echar una ojeada en las tensas relaciones de España con Guinea Ecuatorial, ya no digamos con el Sahara abandonado a su suerte. El desencuentro de España con su excolonia del África ecuatorial quedó patente a los pocos meses de la independencia de esta. Un frustrado golpe de Estado bajo patrocinio supuestamente español a los cinco meses de la independencia de Guinea Ecuatorial fue el detonante. Esa circunstancia y la falta del respaldo de la moneda nacional, llevaría a Guinea Ecuatorial a suscribir los acuerdos con el Franco Cefa. Lo que es lo mismo que entrar en la órbita de control de Francia, cuya escenificación fue la adopción del francés como segundo idioma oficial. A Guinea Ecuatorial, un país pequeño territorial y poblacionalmente, con una economía muy débil, cuya moneda carecía de algún respaldo internacional, no le quedaba otra salida. Tampoco España prestó demasiada atención a tan solo 28.051 Km/2 que no parecían tener recursos que justifiquen su presencia en la excolonia. Otros afirman que el desinterés de España con Guinea Ecuatorial obedece al precio que España debía pagar para recibir la colaboración de Francia en su conflicto interno particular contra la banda terrorista ETA.

Desde entonces, para el político guineano, todos los males de Guinea Ecuatorial solo se deben a ese pasado colonial con España. Y en eso seguimos (los ecuatoguineanos) anclados. Todos los males endémicos del país tienen su origen al triste pasado colonial. Ninguna autocritica. ¿incluso la corrupción y la falta de colegios públicos? Bien es cierto que España dejó a su suerte a sus Territorios españoles en el Golfo de Guinea, pero alguna y mucha responsabilidad la tienen los mismos nativos después de varias décadas de independencia. Decisión parecida tomó la diplomacia española con el Sahara hace algunos años. Y es que la política española funciona con los mismos parámetros. Se van a la primera de cambio, cuando la conveniencia entra en escena.

Alemania podría excusarse ya que sus seis colonias le fueron retiradas como botín de Guerra, al ser eliminada como potencia colonial tras su derrota en la II Guerra Mundial: Togo y Camerún se repartieron entre Gran Bretaña (Togo) y Francia (Camerún). Gran Bretaña igualmente se benefició de Tanzania. A Bélgica le correspondió Burundi y Ruanda, además de la actual República Democrática del Congo, que ya era propiedad de su rey Leopoldo II, posteriormente adquirida por el Estado Belga a cambio de 50 millones de francos belgas. De allí su antigua denominación (Congo Belga) hasta su independencia en 1960. Por no ser redundante, las antiguas excolonias belgas guardan similitudes a las francesas. Las excolonias inglesas se "salvan" de esta quema. Fueron asociadas a la Comunidad de Naciones inglesas (la Commonwealth) lo cual les permitió ciertos niveles de Desarrollo y de gestión política. Hoy en día son los más avanzados, aunque también hacia ellos se les va aproximando la corriente banturesca y socialista. Los retrocesos en los derechos y libertades van acompañados de cierto estancamiento en derechos sociales, libertades y Desarrollo. Y como en los casos anteriores, la mirada siempre se gira hacia Occidente. Por último, están las excolonias portuguesas. Fueron las últimas en independizarse. Consideró que sus colonias formaban parte de Portugal. Así, con su política de "igualdad" racial, no encontraba motivos para independizarlos. Pero en la práctica a los africanos solo sirvieron de mano de obra para los quehaceres marginales y las excolonias como verdaderas canteras de materias primeras.

En cuanto a la oferta financiera, Occidente, una década después de las independencias africanas, tomando como referencia la década de los 60 del siglo pasado, ofreció a África un paquete amplio de préstamos a bajo tipos de interés, que resultaron ser unos dardos envenenados. Y aquí retomamos los comentarios aplazados arriba sobre la crisis financiera y los efectos del ajuste estructural de los años 70 del siglo pasado. Esta década causó cambios importantes en la economía mundial. La recesión en los países industrializados arrastró consigo una caída del dólar, en los precios de las materias primas y, en consecuencia, a una crisis energética. Consecuentemente el mercado monetario se saturó de dinero fresco procedente de los países productores de petróleo, especialmente de los países árabes. Los países occidentales precisaban colocar sus excedentes de eurodólares. Sus bancos comerciales necesitaban reciclar esta abundancia de divisas y encontraron en los países subdesarrollados el mejor destino. Entre ellos, los países africanos. Estos se abrazaron a dicha oferta sin evaluar los costes posteriores. Se endeudaron hasta arriba. Pero no canalizaron estos préstamos productivamente, más bien fueron a parar en la adquisición de armas y en alimentar la corrupción. Eran los inicios de esta plaga. Del resultado final ya se sabe: una década después todos los países cayeron en la famosa crisis de la deuda y, casi, en la insolvencia de dichos estados (1981-1983). El Plan de Ajuste Estructural impuesto después por el FMI ya fue la estocada final, sin olvidar las recomendaciones del

Banco Mundial. África debería seguir produciendo mucha más agricultura para la exportación, sin transformar, y enviarlo todo a Occidente, si no quería caer en una dramática crisis de la deuda. Ahí está el informe amenazante del Banco Mundial intitulado "el informe Berg" (año 1981). "si la búsqueda de autosuficiencia alimentaria desvía recursos de los cultivos de exportación a favor de los cultivos de autoconsumo, la pérdida de ingresos de exportación puede saldarse con problemas en la balanza de pagos que podría comprometer el objetivo mismo de autosuficiencia", afirmaba en dicho informe.

Ver libro: *pobreza, desarrollo y globalización en el sur del sur*, pg 72 y siguientes

El Plan de Ajuste Estructural hizo un daño muy especial. Excesivos recortes presupuestarios que afectaron a apartados sociales y de inversión privada. Se dio preferencia solo a la producción de materias primas para la exportación con el fin de pagar los prestamos recibidos y su carga adicional. Mientras eso era así, Occidente producía sintéticos, que competían deslealmente con los productos africanos, llamados a sustituir la producción africana en los mercados occidentales. Un dato a tener en cuenta: África producía en casa materias primas con insumos (abonos y aparejos) fabricados en occidente. Los productos africanos se vendían en occidente a precios fijados desde allí y compraba de occidente insumos a precios fijados también desde allí. Con este trabalenguas es fácil comprender por qué del deterioro de la Relación Real de Intercambio contra África. Para los productos africanos, la regla del mercado competitivo, a los efectos de fijación de precios, brillan por su ausencia.

En el conjunto del África independiente, su nuevo status adquirido en cierto modo vino en alentar también un panorama de grandes dudas respecto a la cooperación con Occidente. En realidad, las metrópolis necesitaban seguir controlando más materias primas de África para sus intereses industriales. "Sin colonias no tenemos seguridad en el aprovisionamiento de materias primas. Sin materias primas no puede haber industrias, ni un bienestar. De ahí la aseveración del entonces canciller alemán Bismark, cuando trató de justificar la presencia colonial en África, "hay que tener colonias". Una presencia que debía perpetuarse mediante el modelo neocolonial y a la cooperación como herramienta eficaz y eficiente. Con este discurso, el África independiente empieza a recibir cuantiosos programas de cooperación y ayudas para el (sub)desarrollo. Proyectos que se diseñaban a miles de millas de África, sin tener nada que ver con las necesidades reales del momento africano, financiados con dinero ofrecido como ayuda y ejecutados con cooperantes occidentales quienes cobraban cuantiosos salarios de esa misma financiación. Con este planteamiento, el fracaso de esos proyectos estaba cantado. La frustración, desde Occidente, era clara: la incapacidad africana de asimilar los proyectos. Se calcula que el 80 % de dicha cooperación se pagaba a los asistentes-expertos repatriados. Evidentemente, toda la carga de esa financiación sería computada como deuda externa. Bonito negocio. El primer acuerdo de esta cooperación, Occidente-África, se suscribió en Lomé (República de Togo) el 22 de enero de 1972. "La primera convención de Lomé". Siguieron otros convenios más, hasta cuatro. En el transcurso de esos convenios África se llevaba una bolsa de buenas intenciones, desde los acuerdos "Stabex" y "Sysmin" hasta fórmulas precisas para salir del subdesarrollo, reducir su Relación Real de Intercambio (RRI) con Occidente y pagar su deuda externa. Si bien es cierto que los acuerdos de estas Convenciones incluían también a los países de ultramar Caribe y Pacífico, de ahí su anacrónico (ACP), para facilitar el acceso de los productos primarios en Europa, siempre que estos no colisionen con la política agraria europea. Europa determinaba los productos y la cantidad que debían introducirse en su mercado, determinaba los precios de compra de dichos productos, fijaba los precios de los insumos y, por si fuera poco, creaba productos sintéticos llamado a sustituir a las importaciones africanas. Casi nada. A todo esto, el FMI y el Banco Mundial se pusieron de acuerdo y ofrecieron severas fórmulas de control a las finanzas públicas y a sus capacidades de producción y exportación, todo eso en un macro proyecto llamado "Plan de Ajuste Estructural". Debates posteriores de la ineficacia de esa cooperación darían lugar a otra fórmula. Todo sea para seguir controlando. Aparecen así, como champiñones, las ONGs. Una verdadera oficina de colocación de empleo cargada de muchas y buenas intenciones, pero que la durabilidad de dichos proyectos en los países de destino tampoco permite su asimilación. Cuando expira el proyecto-unos dos o tres años a lo sumo- se van y muere el proyecto. Solo permanecen en pie las ayudas asistenciales por epidemias, hambruna o catástrofes naturales, que en África casi son frecuentes. Todos estos antecedentes siguen presentes en la retina africana que empieza a mirar de reojo a China. Esta es la historia resumida. No se pretende justificar, a día de hoy, el atraso africano ni recuperar o perpetuar el mal mirar hacia Occidente. Es estéril. La historia sirve solo para reflexionar y mirar hacia adelante con optimismo.

Dicho sea de paso, ese es el mismo camino que se está siguiendo con China, especialmente a partir de las Conferencias Ministeriales China-África (FOCAC). Solo es cuestión de tiempo para poder evaluar sus resultados. Los analistas de la evolución de estas relaciones ya andan tomando notas. La historia contemporánea señala el primer Fórum China-África como el empuje definitivo de estas relaciones. Digamos que es cuando gran parte de los países africanos se reposicionan a favor de la cooperación con el gigante asiático. China necesitaba diversificar sus fuentes de aprovisionamiento de materias primas (si quería seguir con su crecimiento económico) y de ampliar su campo estratégico, mientras África necesitaba cambiar de aires. Así es como, en dicha conferencia, se sellaron los acuerdos de cooperación en los campos políticos, económicos, diplomáticos, educación y otros. La revisión periódica de los pactos se haría cada tres años rotativos (China-África) en sendas conferencias ministeriales. Estructura parecida a la de las Convenciones de Lome con Occidente. China se reserva el derecho de veto a aquellos países africanos que considere. Es el caso de países como Burkina Faso, Santo Tomé y Suazilandia que no fueron invitados a Johannesburgo (durante la sexta conferencia) debido a sus relaciones diplomáticas con Taiwán. China, que ofrece la no injerencia en asuntos internos, ya está vetando-marcando las políticas exteriores de algunos países. Curioso. Es de esperar que, con la evolución en el tiempo, China ofrezca su verdadera cara en cuanto a su cooperación política con África se refiere.

En cuanto a la oferta financiera, aquí también parece que hay similitudes, con matices. China está ofreciendo una receta similar. El país asiático quiere convertirse en el centro del mundo. Eso ya se sabe. Para ello, uno de sus planes estratégicos y de largo es la construcción de una red de comunicaciones y de transportes terrestre y marítima que circunvala por casi todo el mundo. La vieja ruta de la seda que va desde Asia Central, Europa, Oriente Medio, pasando por África y Latino América. Sus objetivos son claros: asegurar y acelerar el comercio por todo este contorno con la venta de sus productos por todo el mundo y garantizar así mismo su crecimiento económico. Pero necesita comprometer a los países por donde vaya a transitar su mega proyecto. Para implicarlos, les ofrece préstamos blandos con los que puedan construir sus infraestructuras terrestres y portuarias. Igualmente, a los países periféricos a este proyecto les propones ayudas financieras reembolsables en las mismas condiciones blandas. Toda África se abraza a esta "generosidad" china. La oferta es muy sugestiva para los políticos y para un sector importante de la intelectualidad y agitadores de masas africanos. Por una parte, China ofrece préstamos por doquier, a tipos de interés bajos, para financiar enormes infraestructuras sin considerar a priori el coste futuro de los mismos. Por otra parte, y a priori, no le interesan al gigante asiático los movimientos políticos de sus países. Especialmente China no ofrece a África el discurso democrático de Occidente. Está preocupado por otras cuestiones más estratégicas que los derechos y libertades humanas. Faltaría más, que un país comunista que ha consagrado la dictadura y la perpetuidad del líder en el poder vaya a pregonar para los otros países escenarios políticos diferentes. Y para asegurarse una cooperación más sólida, el mandatario chino, en persona, lidera esta relación China-África. Viaja todos los años a África. Para exportar mejor su modelo, mantiene cumbres con todos los dirigentes africanos y les muestra en diapositivas el desarrollo que está experimentando China. Una vez esto, les dice: "la culpa de vuestra pobreza proviene de las políticas imperialistas occidentales. Pretenden que seáis como ellos, pero sin ofreceros las mismas posibilidades. Nosotros os echaremos una mano, si os venís con nosotros. Además, tenemos elementos comunes y nos entenderemos mejor". "este es el modelo chino. Hemos llegado a esto con un gobierno fuerte, sin democracia a lo occidental. Ahí lo tenéis, ustedes pueden usarlo. Nosotros os podemos echar una mano, si lo queréis". Y con esta puesta a escena, el hambre y las ganas de comer de los mandatarios africanos se matrimonian. Es el anillo al dedo que andaba esperando África y que ha enloquecido a los dirigentes africanos. Ahora con China como mejor aliado, es de esperar que el autoritarismo democrático en África vaya a encontrar su mejor justificación: si la China capitalista, en lo económico, va como una moto, en su conquista del mundo, pero con un freno de mano por todo lo alto en las libertades de las personas; ¿por qué iban a hacerlo los herederos africanos de las dictaduras? Incluso aquellos países africanos que ya estaban avanzando hacia la normalidad de la alternancia política, mediante elecciones cuatrienales y con mandatos limitados, ya están proponiendo reformas constitucionales para alargar sus mandatos legislativos. Otros ya proponen abiertamente la sucesión hereditaria a sus hijos, a lo Corea del Norte. Se trata, sin duda alguna, de una antesala para perpetuarse en el poder y, en todo caso, para convertir la gestión pública del estado en cuestión hereditaria. Incluso en esto, se percibe una equivocada réplica del mandarismo chino, donde la clase gobernante no lo es por proposiciones hereditarias, sino por la virtuosidad y el talento que atesora cada uno de ellos.

¿Se quiere decir con todo esto que África ya ha elegido a su compañero de viaje, y ese es China? Tampoco exageremos. Todavía no. África, en su conjunto, sigue bajo el fuerte dominio occidental. Es cierto que la influencia de China en la economía y en la política africana va adquiriendo unos niveles muy considerables. Es el primer socio comercial y también uno de los principales inversores, sobre todo en infraestructura. Lo que debe preocupar y ser analizado en su justa medida son las connotaciones políticas. En estas relaciones, generalmente el discípulo, casi siempre, adopta los modales del maestro. Una fuerte influencia china en África podría relegar al segundo plano la concepción de la democracia y de las libertades occidentales. Podría suponer la vuelta al modelo socialista de los años 60 del siglo pasado de los Kwame Nkrumah y compañía. Ni falta que hace volver sobre los efectos desagradables de esos largos años perdidos. El socialismo africano no tiene nada que ver con el occidental, incluso asiático. El africano es una reafirmación étnica y tribal contra los demás grupos. Desde su atrincheramiento en el poder barrerá para sus casas, etnias y tribus, mientras sermoneará para el resto con la famosa socialización hereditaria bantú. No castigará la corrupción porque todos son hermanos y/o amigos. En Occidente o en Asia, el socialismo es una ideología política, una forma de organizar la sociedad a partir del colectivo popular. El poder político y el control de los medios de producción deben estar bajo en control del pueblo. Al menos eso en cuanto a su formulación política.

Pero volvamos a la oferta del modelo chino, siempre desde la similitud de su propuesta financiera con occidente. Sin duda alguna, en los últimos treinta años varios países africanos han experimenta un alto crecimiento en la generación de ingresos propios y sustanciales progresos en la construcción de infraestructuras debido fundamentalmente a la explotación de sus recursos petroleros y mineros exportados a China. Pero, incomprensiblemente, precisamente esos mismos países se encuentran altamente endeudados con China. Este país les ofrece créditos para construir con sus propias empresas esas infraestructuras. Ellos las pagan con embarques de materias primas y más créditos chinos. Y así se va generando un embudo. Hoy, los teóricos créditos blandos chinos se están convirtiendo en una espiral peligrosa camino al atasco. Ciertos observadores de la estrategia china en esta cuestión lo acaban denominando *"debt-trap diplomacy"*. Es decir, someter a África en una espiral crediticia para acabar dominándoles, mientras los países africanos solo lo perciben como una alternativa al dominio del neoliberalismo opresor de los colonos occidentales. Esa encerrona de la deuda en ciertos países africanos está alcanzando unos niveles asombrosos equivalentes al 35% GNI. ¿Se avecina otra crisis de deuda, esta vez a lo chino? ¿Y qué propondrá China a cambio? Por lo pronto, países como Sri Lanka y Djibuti ya tienen la respuesta. El primero, después de implementar un complejo portuario muy costoso con el crédito chino, ahora ni puede rentabilizarlo ni puede devolver el crédito. La respuesta china no se ha hecho esperar. Le ha propuesto reestructurar dicha deuda a cambio de asumir el control de su puerto y varias extensiones de terreno colindante, durante 99 años. A Djibuti le está pasando más de lo mismo, además de aceptar una base militar en su territorio, la primera base militar china en África. Son claros avisos para los demás países. Especialmente para aquellos estados africanos que se han abrazado al crédito chino, sin cuantificar los riesgos, a pesar de sus altos ingresos por exportaciones. Sus infraestructuras podrían ser financiadas exclusivamente por sus exportaciones de crudo, si la corrupción fuese controlada debidamente.

Eso quiere decir que el capital, venga de donde venga, no es gratuito. No se regala, aunque sea chino, ruso o saudí. A propósito de esto, a las pretensiones de Occidente, China y Rusia en África, ahora se suman las de Arabia Saudí que también ha decidido presentar sus cartas credenciales. En realidad, su presencia en África data de los años 60, con pequeñas inversiones en Congo, a través de **Fondo Saudí para el Desarrollo.** Mediante esta herramienta renovada, Arabia Saudí quiere posicionarse muy fuerte en África. Estas intenciones se deducen de la cumbre saudí-africana del pasado 10 de noviembre de 2023, en la que participaron más de medio centenar de países africanos en la que el príncipe heredero saudí, *Mohamed Bin Salmán*, señalaba su deseo de dar un giro radical en el actual «statu quo» africano. Con estos propósitos, el ministro saudí de inversiones, Khalid Al-Falih, señaló, durante su discurso inaugural, que el Fondo Soberano del reino, posee más de 700.000 millones de dólares en cartera dispuestos para *«cambiar las reglas del juego»* en África. Para empezar, ya están disponibles más de 40.000 millones de dólares hasta 2030. Estas declaraciones de intenciones de la Riad no cayeron en saco roto. Ni para África, que parece haber caído en una suerte de subasta, ni para China que, por momentos está empezando a perder fuelle en África. ¿Estará África coqueteando con todos estos socios? China está centrada en proyectos infraestructurales, mayormente de rentabilidad social y a largo plazo. Pero el capital saudí puede solventar la deuda endémica africana de a corto plazo. ¿Estará dispuesto el continente africano a cambiar una deuda por otra? ¿Y a qué coste? Verdadero dilema que se avecina para África.

8.2. - Socialismo & Liberalismo en África.

En cuanto al debate ideológico, se puede afirmar que se trata de una cuestión muy reciente en África. Digamos, que coincide en el tiempo con el fin de la colonización. En vísperas de las independencias, los africanos empezaron a agruparse en colectivos políticos, que bautizaron con unas siglas y pretendieron asociarlas a determinadas ideologías extranjeras. Excepto muy pocos, la inmensa mayoría de la población no entendía de qué iba la fiesta. Cuánta población de entonces, incluso ahora, era capaz de diferenciar un socialdemócrata de un comunista, liberal etc. Casi todos funcionaban por el seguidismo al líder que frecuentemente era familiar o de la región. En primer lugar, estaba la cuestión de traducir en las lenguas nativas la diferencia entre una corriente política de la otra. De ahí que cada corriente socialista africana de comienzo de las independencias adoptara una definición diferente, como se verá a continuación. Los únicos nexos entre ellos eran: asociar el socialismo con el sistema de producción; la función del Estado en cuanto al reparto equitativo de la renta nacional, eso siempre en teoría; un Partido Único como elemento aglutinador de masas.

Con esta argumentación, totalmente debatible, en sus orígenes, sostendremos que la primera ideología política africana es el socialismo que se sustenta sobre el rechazo al colonialismo y esa es su característica esencial. Se diferencia del socialismo occidental porque este nace, fundamentalmente, como rechazo a la explotación obrera por parte del capitalismo. Especialmente por los desastres sociales y económicos de la Revolución Industrial. Habría que poner en marcha una contrarrevolución a favor de la clase obrera y quitarle los privilegios de los medios de producción en poder de las oligarquías privadas. Y sobre estas bases sigue funcionando. África no tiene oligarquías ni se ha producido revolución industrial alguna. Así mismo se diferencia del socialismo chino que nació con la idea de desarrollar las fuerzas productivas y concentrar esfuerzos para lograr la modernización del país. Propugna la idea de: "emancipar la mente, buscar la verdad a partir de los hechos y utilizar la práctica como único criterio para probar la verdad". La modernización e implementación de la economía socialista, es fundamental para la conquista del exterior. Sobre esta plataforma se asienta el socialismo moderno chino que, para su identidad, combina el marxismo con las realidades específicas de China. Un viejo ideal desde los tiempos de Mao Zedong. Por su parte, para entender el socialismo ruso hay que partir del ideario de los fundadores del socialismo mundial. Su dos grandes exponentes Karl Marx y Friedrich Engels. En un principio usaron el término "comunismo" porque representaba más a la clase obrera, aunque después pasó a llamarse "socialismo". Las reflexiones de Marx y Engels impactaron sobre la sociedad rusa, que entonces era muy pobre, y se desencadenó una Revolución (octubre de 1917) que acabó con el derrocamiento del entonces gobierno provisional ruso y el establecimiento del primer Estado socialista del mundo, 7 noviembre de 1917. Era la victoria de los trabajadores y de los campesinos frente a los autócratas encabezados por el Zar Nicolás II. Para su consolidación definitiva, el Partido Comunista de Lenin tuvo que implantar un estado de terror en toda la Rusia zarista para acabar consolidando la Unión de Repúblicas Socialistas Soviéticas el 30 de diciembre de 1922.

Cuando aterrizamos en África observamos una clara indefinición del socialismo africano más allá del rechazo al colonialismo occidental. De allí que los máximos dirigentes del África de entonces definieran el socialismo africano según la idea visionaria de cada cual y de su entorno: Kwame Nkrumah (Ghana) defendía un socialismo marxista, alejado de las estructuras de desarrollo imperialistas, "porque conducía hacia la continuidad del sistema colonial". "Si mantenemos el modelo colonial, bien podríamos asegurar cierto grado de expansión, aunque no aseguraremos la independencia real de nuestro pueblo", decía. Léopold Sédar Senghor (Senegal) optó por un socialismo que combinara las ideas de Marx y Engels al concepto de la negritud. Lo denominó Socialismo Democrático, que defendía la producción agraria como base del desarrollo económico esencial para el bienestar social. Jomo Kenyatta (Kenia), contrario al capitalismo y también al comunismo marxista propuso un socialismo basado en la cooperación y en las tradiciones africanas. Lo denominó "socialismo mixto" que sin abandonar todas las claves capitalistas debería nacionalizar todos los sectores estratégicos. Julius Nyerere (Tanzania), contrario a una sociedad de clases, defendía el comunitarismo según la idiosincrasia tradicional africana. "Nuestro modelo de desarrollo debe basarse sobre las teorías socialistas comunitarias. Se debe nacionalizar todo el capital extranjero e impulsar una educación para que toda la población construya un modelo de desarrollo comunitario". Y lo llamó "Ujamaa". Kenneth Kaunda (Zambia) apostó por un Socialismo Humanista. "hay que dejar a occidente con su tecnología y a Asia con su misticismo e inspirarse en el comunalismo de la sociedad tradicional negro africana, la cual se fundamenta en la ayuda mutua, la igual distribución de los productos del trabajo común y en el desconocimiento de las clases sociales y en la explotación del hombre por el hombre". El Estado debe intervenir en el sector privado para humanizar los procesos productivos. Mobutu Sese Seko (República Democrática del Congo) apostó por un sistema de producción basado en trabajo colectivo enfocado solo para la agricultura. Lo llamó *Salango*, como único sistema que podría garantizar el la igualdad y el consumo. Se prohibía la producción de minerales para evitar el enriquecimiento de la población, excepto a él mismo. Macías Nguema (Guinea Ecuatorial), contrario al imperialismo occidental, se decantó por un sistema de cooperativa estatal, para garantizar el consumo agrícola nacional, creando las plantaciones *Oveng*. Y así todo un rosario de socialismos basados en las tradiciones socioculturales africanas. En eso seguimos anclados contrariamente a la evolución de los tiempos, de espaldas a la modernidad. Hoy, la nueva corriente socialista africana recupera el discurso clásico del socialismo y contra el capitalismo en el sentido de que el capitalismo es malo porque es individualista, mientras que el socialismo es bueno porque es altruista. Pero aquí hay que recordar que el pastel antes se debe generar para después distribuirlo. Y es desde la economía liberal donde más y mejor se produce.

Pocos países, muy pocos visionarios africanos, entendieron desde un principio que las claves del desarrollo y de la prosperidad de las naciones están en la libertad empresarial y en el abandono de lo tradicional tal cual se sigue diseñando en África. La Costa de Marfil de Félix Houphouët-Boigny, es uno de ellos que en su réplica frente al socialismo defendida por Nkrumah afirmó: "El modelo socialista, como defiende Kwame Nkrumah, no solucionará el problema de la pobreza en África, porque la unión entre países necesitados no haría más rico a ninguno de ellos". Desde un principio (1960) H. Boigny, médico de profesión, y a pesar de ser comunista en sus orígenes, comprendió que la solidaridad entre pobres de ninguna manera llevaría la prosperidad a su país; que la única fuerza de la agricultura de subsistencia no podrá sortear la brecha de las RRI con Occidente y que las fuerzas del mercado libre son el motor del desarrollo. Optó por el liberalismo económico para contar con la confianza de inversores extranjeros, principalmente franceses. Una política económica que permitió que se hablara del "milagro marfileño" con unas producciones de récord en cacao, café, madera, bananas, piñas, algodón etc. Por supuesto que para aquel periodo dorado que va hasta mediados de la década de 1980 la balanza comercial marfileña no deja de registrar superávit. A pesar de la ralentización de su economía a partir de 1997, por la caída de los precios de las materias primas mundiales, la economía marfileña aguantaba el tipo, mientras los demás países africanos estaban inmersos en plena crisis de la deuda externa. Asimismo, se debe tener en cuenta la fuerza liberal que imprimió en África el político senegalés Abdoulaye Wade. Su participación como miembro en la Internacional Liberal le aupó a la presidencia de su país en abril de 2000. Sin embargo, es con la creación de La Red Liberal de África (*Réseau libéral africain,* en francés) cuando el movimiento liberal toma su mayor impulso en África. Se trata de una organización compuesta por partidos demócratas liberales de más de 29 países africanos. Se crea formalmente Johannesburgo, Sudáfrica (junio 2003) en cuya Declaración (Declaración de Johannesburgo) las partes se comprometen con los principios democráticos liberales básicos: garantizar la libertad y la dignidad de todas las personas, mediante el establecimiento de los derechos civiles y políticos; garantizar el estado de derecho y un gobierno democrático, a través de elecciones libres y justas con una transición pacífica; garantizar los derechos religiosos, de género y de las minorías; luchar contra la corrupción y establecer economías de libre mercado. Con esta sustancia el liberalismo africano va tomando posiciones interesantes, incluso dentro de la agenda política internacional, como alternativa contra las posiciones totalitarias que van brotando en algunos países y, además, a favor de reconstruir sus instituciones estatales y convertirlas en democracias representativas de mercado.

9. - Sobre la Libertad y los derechos Humanos en África

"Ninguna dicha sin libertad",
Arthur Schopenhauer

Todavía hoy resuenan las palabras de este polaco, nacionalizado alemán, Arthur Schopenhauer, en favor de la libertad como el centro neurálgico incluso de la existencia humana. La libertad, "es un ideal por el que estoy dispuesto a morir", dijo Nelson Mandela aquel 20 de abril de 1964 (Pretoria) para significar que se trata de un valor supremo, irrenunciable para cualquier ser humano. La lucha por ella no debe cesar hasta que cada cual dijera, también como Mandela "Libre al fin", Johannesburgo (2 de mayo 1994). La cuestión de las libertades es crucial para una África próspera. Solo Dios, según la Biblia, es omnipresente y todopoderoso quien todo lo puede, sabe y ofrece según su clarividencia. Los demás, cada cual debe ofrecer al conjunto parte de sus bondades a partir de un consenso. De ahí el contractualismo filosófico sostenga que somos nosotros los seres humanos los que establecemos, mediante un pacto o contracto, lo que consideramos que es el bien o el mal o los elementos fundamentales de la sociedad. A partir de aquí, para poder sentar las bases de una justicia social debemos partir de criterios de imparcialidad total. Abstraernos de los atributos de cada uno de nosotros, porque de lo contrario siempre estaremos expuestos a defender nuestros derechos, libertades o los de nuestras familias o regiones, en contra de los valores universales. A colación de esto, John Rawls, en su teoría de la justicia, incluye el concepto del *"deber de la civilidad"* como aquella predisposición a "escuchar los argumentos del otro y la honestidad intelectual para decidir cuándo y de qué forma las propias ideas deberían ser ajustadas". En el corazón del argumento rawlsiano hay dos ideas estrechamente relacionadas: la idea del respeto (o del respeto entre iguales) y la idea de los "términos equitativos de cooperación". En este escenario los principios de justicia, que son objeto de un acuerdo entre personas racionales, libres e iguales en una situación contractual justa, pueden contar con una validez universal e incondicional y el "ejercicio del poder político es apropiado y por tanto está justificado" sólo cuando es practicado de acuerdo con principios que, es de esperar, todos los ciudadanos compartan y apoyen.

Por su parte, cuando este acuerdo contractual es efectivo, las personas ven garantizados sus derechos esenciales: el derecho a la vida y a la libertad de opinión y de expresión; el derecho a la educación, sanidad y al trabajo digno; el derecho al consumo de agua potable y a la vivienda digna; el derecho a su plena manifestación cultural, al libre desarrollo de la personalidad, ente otros muchos. La inviolabilidad de los cuales queda plenamente garantizada por la justicia sin discriminación alguna, porque tiene que ver con la dignidad de la persona.

La concreción de estos derechos, que pueden ejercerse de forma individual o colectivamente, acaba fortaleciendo la sociedad en su conjunto. Sin lugar a dudas, existe una relación directa entre el respeto los derechos de la persona y su libertad e, inversamente, la falta de estos derechos socava las libertades. Así como la democracia, ligada a la participación ciudadana, y punto de referencia universal para la protección de los derechos humanos, es el centro gravitacional sobre el que los ciudadanos participan activamente en los asuntos del Estado. De ahí que la democracia sea considerada como un factor esencial que materializa los cambios constantes que demanda la sociedad y, por extensión, favorece el desarrollo económico. En otros términos, digamos que, en comparación, los países libres generan más prosperidad que aquellos otros que pretenden acotar esas libertades al conjunto de su población.

Esta ecuación sigue teniendo importantes dificultades de implantación en África. Es una de las grandes causantes de las debilidades africanas, incluida la corrupción y la deuda externa. Más que nada, porque sin democracia no hay elementos de control de la gestión pública y aun cuando los haya, no se utilizan convenientemente. Sin democracia, no hay debates sobre la conveniencia en la selección y uso de las fuentes financieras. Todo queda supeditado de la reflexión visionaria del líder.

Un país que pretende avanzar hacia un desarrollo económico pleno, debe asociarse, de entrada, a la democracia (libertad y derechos humanos) como condiciones necesarias para conseguir dicho desarrollo. La democracia genera más dinamismo y mayor creatividad. Los sistemas autoritarios, al contrario, solo favorecen el retraso de la economía. Nada que ver con el activo de recursos que posea el país. Si la democracia en sí misma es fundamental para el desarrollo económico, la democracia liberal es la condición suficiente, porque permite mayor fluidez en los mercados financieros y en las inversiones extranjeras.

CONCLUSIONES

"el que se equivoca y no rectifica,
se equivoca dos veces",

Confucio:

Setenta años después, África sigue señalando a Occidente como la responsable de sus males. El problema africano está en África. Los mandatarios africanos, venidos a dueños de África, bien acomodados en sus cúpulas de poder, siguen insuflando a su población proclamas contra Occidente. ¿Hasta cuándo, señores presidentes? Un discurso tan viejo y cansino que la población africana ya no se lo cree tanto. El culpable está en casa y la solución también. Derriben el muro de la intolerancia, de la acomodación eterna en el poder, el del etnicismo y bantú, el de la corrupción impune protegiendo a la familia y amigos… y África rugirá. Otorgad a los hijos de África las herramientas que necesitan y el león africano se despertará de su letargo. La oportunidad ya la tenemos aquí.

El nuevo escenario mundial que estamos creando también deberá servir para que los países menos avanzados se posicionen.

Este más que probable nuevo escenario, es el apropiado para que África, que ha pasado tantas vicisitudes desde la esclavización hasta el imperialismo occidental y próximo al chino & ruso, tome sus propias decisiones respecto a qué quiere ser de mayor. No valdrá mañana seguir alimentando el discurso de odio, incluso revolucionario, contra el Occidente colonial o imperialista. Tampoco servirán los mismos argumentos contra China, ni Rusia. Porque, como en su día afirmó Confucio: *"el que se equivoca y no rectifica, se equivoca dos veces".* Un segundo golpe sería demoledor difícilmente recuperable en décadas.

No se discute que Occidente haya esquilmado los recursos primarios africanos sin apenas contraprestaciones suficientes. Como tampoco debe discutirse que China está en África por los mismos motivos. Y es así que, cuando la presencia occidental en el continente africano parece flaquear, China va aprovechando ese espacio en su propio beneficio. Porque tal y como se dice en español coloquial, "el que se fue a Sevilla, perdió su silla". China no ha perdido nada en África, para implicarse tanto. Nada que pensar en ser la redentora de África. Razones poderosas le impulsan para su propio beneficio, más que para favorecer a África. Igual que a Occidente, el continente africano es muy apetecido también para China. Todos están, en primer lugar, por sus materias primas. Quien quiera que vaya a dominar el mundo en las próximas décadas o, tal vez, siglos deberá disponer de abundantes recursos y África los tiene en cantidad y calidad. Son su espada de Damocles. Sus inmensas riquezas estratégicas (algunos dirían que son su "maldición") son apetecibles por todos. Con más del 30% de reservas mundiales en minerales, es una variable no despreciable a tener en cuenta. Algunas de sus reservas no tardarán en convertirse en valor de refugio para los inversores y para las economías modernas. Pero también a China le interesa a África por el tamaño de su población. Es el segundo continente más poblado, por detrás de Asia, con una tendencia de crecimiento alrededor del 2.2% anual, frente al 0,9% de los asiáticos. Según proyecciones de las Naciones Unidas, para 2050 la población de África rondará los 2.500 millones, lo que supondría que más del 25% de la población mundial será africana. Los mismos estudios revelan que será la población más joven en media. Unos 19,7 años frente a los 40,1 de Europa, 36,8 de los estadounidenses y 29,2 años de los asiáticos. Este creciente aumento poblacional y su potencial, también garantiza costes de producción bajos y con el tiempo favorecerá una capacidad de consumo interesante. A medida que vaya creciendo la clase media, también se acelerará la urbanización, el consumo de bienes y servicios con valor añadido indudable, las mejoras de las infraestructuras y de las tecnologías y un mayor consumo de los servicios financieros. Todas estas variables vienen a conformar esa ensalada que llama la atención de nuestros "comensales". De manera que, África interesa y mucho. Lo sabemos todos: ya lo sabía el Occidente colonial, ahora lo saben los chinos y los propios africanos desde siempre. Por lo tanto, nada que pensar en el interés altruista ni de unos ni de los otros y, menos, en la hipotética ingenuidad de los propios africanos. Haríamos mal en pensar así.

En este contexto, África no puede, ni debe ser, repartida como si de un botín de guerra se tratase. Es, por lo tanto, ahora más que nunca, cuando nuestro continente debe posicionarse y poner en valor su propia riqueza. El destino de África lo deben diseñar y ejecutar los propios africanos con una cuidadosa elección del mejor compañero de viaje en cada momento y circunstancias, sin caer de nuevo en su *"ambigüedad estratégica"*. Conociendo nuestro propio potencial y posibilidades, África debe seguir manteniendo su propia identidad y buscar su espacio dentro del gran mercado mundial. En esa búsqueda de la autonomía propia, será fundamental el modelo político que, en cada país, se asuma. Estas discusiones parecían ya aplazadas o en *stand-by* hasta que, en la actualidad, -cuando la crisis de la deuda irrumpe de nuevo en África, casi cuarenta años después, también motivado por la contribución china en el aumento de dicha deuda externa-, resurgen. Entonces los debates sobre el modelo socio-político ideal para África empiezan de nuevo a reclamar la atención política y de la intelectualidad africana: Socialismo & liberalismo. Porque se ha podido contrastar que, vayamos donde vayamos, estemos con los unos o con los otros, la carga de la deuda estará allí. Nadie nos salvará de ella, si la misma África no se pone las pilas. Sólo con un sistema productivo consistente será más fácil afrontar nuestro desarrollo. Por eso, el debate del sistema político se antoja incluso anterior a las consideraciones de las diferentes ofertas financieras. ¿Retomamos de nuevo el modelo socialista de los años 60 del siglo pasado o seguimos apostando por la democracia liberal iniciada a partir de la década de los 80? La elección no es una simple banalidad, más todavía con la nueva geopolítica mundial en nuestras puertas.

África tiene un dilema crucial que va a marcar su devenir en las próximas décadas, tal vez en el próximo siglo: apostar por un desarrollo basado en la libertad, en los derechos humanos y en una economía de mercado liberal o en un desarrollo económico fundado en la negación de los valores de la persona. La decisión es nuestra. O no. Los defensores de la primera corriente argumentan que un país marcadamente libre es más próspero frente al otro de régimen totalitario. Esta no es una opinión. Son datos. Los grandes estudios al respecto revelan que los países más libres, son aproximadamente 8 veces más ricos que los países reprimidos. Son en estos países donde la mayor riqueza se genera desde el sector privado y no al revés. Esto se explica por la inevitable relación directa entre las libertades políticas y las económicas. Particularmente los liberales defenderán (y defienden) su posición a partir de la fuerza que generan las libertades políticas y que se derivan hacia las económicas. Ahí es donde más pronto se producen las condiciones adecuadas para el desarrollo y el bienestar social y, también, donde se fraguan los mayores consensos. Al otro lado estarán (y están) los defensores del socialismo, amparados al hecho diferencial *"bantú"* africano. Sus valedores siempre estarán por la labor de un Estado fuerte, protector de las igualdades y proveedor de básicos para las capas marginales, como si tal afirmación significara que los Estados liberales no tuvieran esa hoja de ruta en sus agendas. No puedo estar más en desacuerdo con esta afirmación. El Estado debe proporcionar todas las posibilidades para el empoderamiento de todos y cada cual, en función de sus capacidades y circunstancias, rentabilizarlas. Todos nacemos con nuestra particular *"Lotería Natural"*, tomo prestada esta expresión del liberal John, Rawls.

Ver libro: *Las Teorías de la justicia después de Rawls*, pg. 41

A renglón seguido, reproduzco en su literalidad las palabras de Javier Milei, presidente de Argentina: "El deber de cualquier persona es de proveer y proveerse un techo para su familia y de un plato de comida a la mesa para sí y para su familia. Quien piensa en los favores del Estado no tiene tiempo en preocuparse de su familia y menos de su responsabilidad con el Estado". Pero sí, entre las prerrogativas del Estado, está la de facilitar incentivos a la economía productiva, porque sin incentivos, no hay riquezas que distribuir.

Voy terminando, no antes de dejar mi oposición frente las opiniones de ciertos dirigentes e intelectuales africanos del momento actual:

a) la vuelta al sistema unipartidista, con el socialismo a lo bantú por bandera, es un error. Aprovecho este espacio para lanzar, una vez más, una sonora crítica con respecto del discurso al que siguen enganchados ciertos intelectuales africanos: "el bantú es socio-comunista", dicen. "El que más tenga que se lo reparta al que menos, así somos los africanos". Otros afirman "un bantú nunca comía solo". Por cierto, una afirmación en el pasado. Y me pregunto: ¿cuándo, ¿dónde y cuántas veces repartió un africano su rebaño de cabras u ovejas o su cosecha al pueblo? Si se analiza la evolución de la emigración y la historia contemporánea entre los africanos, se constatará que ese supuesto "bantú" fue un bárbaro contra el extraño y solidario con su familia, etnia y tribu. Esa falacia hospitalaria bantú ya pasó a la historia, si es que existió. Hoy es una de las claves de la corrupción africana. Cuando esta estructura mental (socio-comunista) se traslada de lo familiar al Estado, se anula claramente la iniciativa privada y el afán de superación de cada cual. Si todo está racionalizado y el Estado lo provee todo, entonces para qué matarse tanto si, hagas lo que hagas, tendrás la misma ración de arroz y ropa como el que más.

Creo fervientemente que debemos ser solidarios, pero desde el esfuerzo, no así desde la acomodación reclamando mayor reparto de las riquezas de los ricos, por aquello de la "igualdad" como dicen. Eso así no funciona. Cada cual debe cooperar para el bien común ofreciendo su parte alícuota. Cuestión diferente es que entre todos se contribuya proporcionalmente al sostenimiento de los servicios básicos para todos. Y, excepcionalmente, a las capas sociales marginales. Es así como Occidente superó esta etapa mucho antes incluso de la primera Revolución Industrial. De ahí su despegue. Así mismo lo acabaron entendiendo los países tradicionalmente comunistas, con China en cabeza. Por eso su viraje hacia el capitalismo y de ahí su actual desarrollo económico. Precisamente, gracias a este cambio estratégico, China ha podido abrirse hueco en el gran mercado y permitido posicionarse como el "enemigo a batir", dicho cariñosamente, de Occidente con los EE. UU. a la cabeza.

b) la mentalidad de asistidos, muy arraigada todavía en África, debe ser desechada. Una debilidad de pensar que sigue sin poder poner en valor los activos de África al servicio de sus correspondientes países. Y mientras sus dirigentes políticos empobrecen sus riquezas, con las que adquieren mansiones extraordinarias en el extranjero y engordan sus cuentas corrientes también en el exterior, siguen señalando al occidente colonial como la responsable de los males africanos. El África de hoy está equipada y en condiciones de iniciar su propia "revolución industrial", si se gestiona bien sus recursos primarios y se absorbe convenientemente a sus egresados y al resto de la mano de obra, sin proposiciones tribales y étnicas. Algunos países (como Ruanda) ya iniciaron ese camino y les va bien. Pero el efecto contagio sigue sin poder extenderse. Este país tan diminuto, que hace apenas 30 años tras el genocidio, ha sabido poner en valor lo que une a su población contra lo que los separaba. Rompió con las cadenas del victimismo, de la discriminación étnica, y con un estricto control contra la corrupción, está consiguiendo niveles considerables de desarrollo reconocidos incluso por observadores internacionales ecuánimes.

c) Hay que hacer cosas y hacerlas en concreto. No vale estar sentados y echar la culpa a otros. Para poder competir en el mercado mundial tenemos que ser absolutamente realistas. Hay que ir a la esencia de las cuestiones. Los atributos africanos que se han señalado a lo largo de este trabajo (materias primas, potencial de mercado de consumidores, mano de obra etc.) sólo son condiciones necesarias. Mientras no se cambie la dinámica, el papel marginal de África en el contexto mundial no variará. El mundo camina hacia el dominio de la tecnología y de la inteligencia artificial. El mercado africano de empleo está saturado de egresados que nutren la bolsa de parados en espera de un empleo público. Los gobiernos tienen la responsabilidad de crear estructuras que liberalicen el mercado, que faciliten y garanticen la inversión privada (nacional y extranjera) y de facilitar una mayor integración en las cadenas de suministro mundiales, mediante la diversificación de sus economías. Tienen la obligación de combatir la corrupción porque, en gran parte, son los mayores responsables de la misma.

d) Finalizo con el razonamiento Félix Houphouët-Boigny: "El espíritu de odio que separa a los países subdesarrollados de las potencias a los que estuvieron ligados los condena a unirse en la miseria y en la mediocridad, o a una especie de perpetua subasta, a la que están sometidos la mayoría de los países no agrupados que les proporciona alguna ventaja, pero que no les puede garantizar la satisfacción de sus permanentes necesidades". Debo reconocer estar en sintonía con esta reflexión. Porque todo no es culpa de Occidente, como ya se ha comentado anteriormente.

Y aun cuando en el pasado fuera así, no se puede vivir permanentemente con ese sentimiento. Un poco más de humildad y de autocrítica nos hace falta. El pasado colérico con occidente podría conducir a África a un estado de permanente subasta al mejor postor del momento, que tampoco dará soluciones estables a nuestros países. 70 años después, es tiempo suficiente para restañar las heridas, pasar página y proyectar nuestro futuro con autocrítica. No será suficiente con cambiar de rasante (de occidente al oriente) sólo con el argumento del desamor del pasado colonial. Como tampoco lo será mientras se mantenga el discurso de solidaridad asistida y la creencia de un dios terrenal que lo pueda todo. Porque, particularmente, como liberal que soy, no creo que una persona, por muy super estrella que sea, pueda representar el sentir de los demás y fijar de por siempre sus destinos. Al contrario, es el esfuerzo de cada uno lo que configura el sentir de todo el pueblo. Es aquí donde la fuerza del consenso toma su importancia para la salvaguarda de la libertad y de la justicia social. Si África quiere mejorar a medio plazo sus niveles de desarrollo, debe ir tomando nota por mejorar en primer lugar sus niveles de libertad.

Bibliografía

*Amartya Sen:
-Bienestar, justicia y mercado (1984). Ed, Paidós
-Desarrollo y Libertad (1998). Ed, Planeta

*Amin-Samir:
-El fracaso del desarrollo en África y en el tercer mundo (1989). Ed, IEPALA.
-El capitalismo en la era de la globalización (1999). Ed, Paidós.

*Arthur Schopenhauer: Sobre la libertad de la voluntad (2000). Alianza Editorial.

*Bertaux, Pierre. África desde la prehistoria hasta los años setenta (1991) ed, Catarata.

*Carmen Font Paz. Traductora de: Palabras que cambiaron el mundo (2007. Ed, Leqtor.

*Chabal, Patrick; Daloz, Jean-Pascal: África camina-el desorden como instrumento político (2001). Ed, Bellaterra.

*CADTM (grupo de la izquierda en el parlamento europeo): África: La trampa de la deuda y como salir de ella (2022).

*Carlos Luján Aldana: La corrupción en África y sus raíces sociales, la revista Tlilxayac (abril 2019).

-Conferencias de las ONGs: Deuda externa, desarrollo y cooperación (1998). Ed, L´Harmattan-Lima.

*Dipo Faloyin: África no es un país. Ed, Planeta futuro/El País (2022)

*Direction générale du trésor. Ministère de l'Économie, des Finances et de la Relance. 75575 Paris CEDEX 1.

*Edward A. Lynch, PhD (2024): La Iniciativa de la Franja y la Ruta de China en África del Este. ed, Revista profesional del Ejercito EUA.

*Expansión: Datosmacro.com (2022).
Guest Author: El desarrollo de un país empieza por la libertad. (año) ed, Students for Liberty.
Fondo Monetario Internacional (2023): Listado de países por PIB (nominal).

GREENE, Joshua, "The external debt problem of sub-Saharan África", International Monetary Fund, Washington, D. C., 1989.

Gregory Smith: *Cómo la deuda de África puede ser un beneficio, no una carga* (2022).

Juan Cruz Margueliche: Resumen de la ponencia sobre: El Foro de Cooperación China-África (FOCAC) en la coyuntura actual. Entre las urgencias regionales y las exigencias globales (2022). *Instituto de Investigaciones en Humanidades y Ciencias Sociales. Universidad Nacional de La Plata - Consejo Nacional de Investigaciones Científicas y Técnicas.*

Martínez Peinado: El capitalismo global (1999). Ed, Icaria.
Mma Amara Ekeruche: Africa's rising debt and the emergence of new creditors. (junio 2022).

Luis Felipe de Oliveira e Castro: El socialismo africano: Rebelón Permanente, ed. Red académica ALUMNI (1967).

Mbuyi Kabunda Badi: Las ideologías unitaristas y desarrollistas en África: del pensamiento único unipartidista al pensamiento único liberal (1997). Ed, Acidalia.

Mill, Jonhn Stuart: Sobre la libertad (1991). Alianza Editorial.
Ministerio de Información de Côte d'Ivoire: Resumen del pensamiento del presidente Houphouet Boigny.

*Muakuku Rondo Igambo:
El desarrollo económico de África subsahariana y su dependencia de Occidente: Conferencia en la Universidad de Alicante-España (1998).

Cooperación económica y la ayuda oficial al desarrollo. Conferencia-Asociación Cultural Viyil-Barcelona (1998).

Crisis y capitalismo en el tercer mundo (2009), ed, Carenas.
El camino hacia la emergencia de África (2021) ed, Carenas.
* Naciones Unidas, Informe: Estrategia Internacional del desarrollo para el tercer mundo (1982).

*Pérez Charlin, Juan Manuel: África en la encrucijada: caminos de la solidaridad (2001), ed, Fundación Emmanuel Mounier.

*Pierre-François Grenson: China en África: ¿Historia de amor o peligro mortal? (2023)

* Pilar Orduna Diaz: Los problemas de desarrollo en África negra. Tesis doctoral (1991).

Plataforma de Acción contra la Pobreza, Bolivia, 2005
The Johannesburg Declaration: Liberal Democracy in África (2003)

Rawls, John: Ideas fundamentales de liberalismo político (1995), México F.C.E.

Rodríguez Añuez: Estampas de líderes de la independencia africana, ed. Myrna (2022), Benemérita Universidad Autónoma de Puebla.

La deuda internacional, África subsahariana, estadísticas Banco Mundial (2022)

Regional economic outlook. FMI. Junio de 2021
Varios autores: Thomás Sankara. Barcelona (2019). Ed, Wanafrica
(Colección Pensamiento Africano de Ayer para Mañana)

ESTA
PRIMERA
EDICIÓN DE *El dilema
de África,* DE MUAKUKU
RONDO IGAMBO, HA SIDO IM-
PRESA CON PAPEL AHUESADO, DE
80 GRAMOS. SE HA UTILIZADO LA
TIPOGRAFÍA GARAMOND PRO. Y
SE TERMINÓ DE IMPRIMIR EN
REPROGRÁFICAS MALPE, EN
EL MES DE SEPTIEMBRE
DEL AÑO 2024.